異文化接触研究の諸相

JN089275

川村 和宏 編

はじめに

　異文化が接触するとき，そこには憧れや嫉妬，発展と対立が発生する。国際的に国や地域が接触するところで生ずる友好や対立は，最も理解しやすい結果だが，異文化接触には他にも多様な形態がある。

　言語を超えた異文化の接触では，翻訳や本案による誤解や独自の発展が生まれ，ときには滑稽で，ときには元の文化を凌ぐ展開を見せることもあり，それは近年では「文化の盗用」などの批判を受けることもある。だが，グリム童話の伝承を例に見れば，異文化が接触する場面ではこうした批判がほとんど意味を成さないことも理解できるだろう。

　個々人が見知らぬ国や文化に触ることも，異文化接触の具体例である。異文化の接触は，必ずしも異なる国や地域同士の接触だけを表す言葉ではない。理解し難い他者に触れた際に新たな物語や斬新な詩が生まれるのと同様に，未知の文化に触れたときにも新しい言葉が紡ぎ出される。そして，個人の異文化との接触は古来から旅行記というジャンルとしても人気を博してきた。

　新たなジャンルや分野との邂逅もまた，異なる文化との接触と言えるだろう。言葉と音楽，文学と心理学，そして文学と絵画等の各分野の境界を超えた接触は，いつも相互に予想外の着想の源泉となってきた。人々が生きてきた生活空間に存在しなかった新たな思想との邂逅もまた，いわば異文化との接触であり，その都度，活力と混乱，あるひとつの時代の終わりと再生をもたらしてきた。

　総じて「異文化接触」とは，国や地域，言語や文化，学問や活動の領域を分かつ境界を越境する行為と言い換えることができるだろう。

　本書では，この間に東北大学や岩手大学で開催された異文化接触研究会の成果をまとめ，それぞれ「明治期に翻案されたグリム童話の東北地方での再土着化」，「詩人バッハマンが異国に触れたときに紡がれた言葉」，「T.S. エリオットと印象主義絵画接触の軌跡」，「革命詩人の妹ルイーゼ・ビューヒナーが触れた女権運動」，「明治期にドイツの地理雑誌で紹介された日本像」というテーマで，文学や文化が未知の存在に触れた際に起きた文化現象について扱っている。

　分断を深める世界情勢の中，「異文化が接触する際に起きる出来事」についての各論考が，困難な時代を生きる読者の思考の縁とれば幸いである。

川村 和宏

目次

異文化接触研究の諸相

グリム童話の日本における再話と土着化について

―『ヘンゼルとグレーテル』と『魔の家と子供』の場合―[1]

川村 和宏

　平成22年2月14日に東北地方の地方紙「河北新報」のシリーズ記事「みちのくわはは草子」に『魔の家と子供（宮城）＜327＞』という昔話が掲載された[2]。

　「みちのくわはは草子」は，宮城県仙台市在住だった佐々木徳夫が収集した民話から抜粋した昔話のシリーズ記事である。そこに掲載された『魔の家と子供』の内容は，グリム童話『ヘンゼルとグレーテル』の内容と酷似していた。本稿では「口承」の昔話が伝播過程で変容した事実を確認し，日本おける実例を紹介した上で，さらに『魔の家と子供』が掲載された経緯について考察する。

1. 『魔の家と子供』の粗筋と『ヘンゼルとグレーテル』

　最初に宮城の昔話として掲載された『魔の家と子供』の粗筋を確認しておきたい。この昔話は「むがす，あったずもな」という昔話にお決まりの発端句で始まり，貧しい百姓夫婦が登場する。

　貧しい百姓夫婦（継母）と兄妹が登場するが，「お母さんがふとしたごどで死んですまって後家母さま貰ったずもや」と家族関係が解説される。ある年不作に見舞われる。継母が子供たちを「山さ連れでって置いでござえん」と提案する。結局「木の実だのアゲビだのグミだの食って，けっこう生ぎでる」と説得された父親が山へ連れて行き，たき火を焚いて兄妹を置き去りにする。朝になると「美すな小鳥」が飛んできて，兄妹がその小鳥について行くと，「ちっちゃな綺麗な」菓子の家がある。菓子の家から老婆が現れ，兄妹にご馳走を振る舞うが，この老婆は「鬼婆」である。鬼婆は兄を閉じこめ，ご馳走を食べさせ，太らせて食べようと企む。

　目の悪い鬼婆はときどき手を出させて兄が太ったかを確認するが，「賢すい」兄は人の骨を差し出してごまかす。兄が一向に太らないので，鬼婆は食べてしまうこ

1　本稿は2012年度に実施した授業内で配布した資料および第1回異文化接触研究会で行った発表内容等に直近の調査結果を加えたものとなっている。「子供」という表現については，掲載された表現のまま使用している。
2　3頁，図1参照。図1では当該の記事に，後述するVladimir Proppを援用したメルヒェンの要素を記入している。

2

とに決め，妹に竈の火を焚かせるが，妹が「なじょすで焚ぐの」かが分からないと嘘をついて鬼婆を竈へ誘導し，後ろから竈の中へ押す。鬼婆の持っていた「金がいっべえ」入った箱を持って家へ帰ると，継母は死んでおり，親子三人は「まんまど暮らすたど」と結ばれ，幸せな結末を得る。

　『魔の家と子供』には，宮城の方言が織り交ぜられており，鬼婆が登場する日本の昔話にも見えるが，「お菓子の家」が登場する違和感が際だっており，明らかにグリム兄弟による『子どもと家庭のためのメルヒェン』(KHM) の『ヘンゼルとグレーテル』の類話と見られる。このようなメルヒェンが，国内の宮城県に土着の民話として新聞に紹介された。この昔話が日本の昔話として定着してしまった過程の参考にするために，そもそもグリム童話に見られた改変過程を確認しておきたい。

　グリム兄弟による『子どもと家庭のためのメルヒェン』の『ヘンゼルとグレーテル』の粗筋から確認したい。グリム童話は，草稿から第七版に当たる決定版までの計 8 版あるが，ここでは 1857 年の決定版を参考にしたい。

　KHM では，ある森の中に「貧乏な木こりの夫婦」[3] とヘンゼルとグレーテルの兄妹が暮らしている。その国では飢饉が発生し，継母が子どもたちを捨てることを提案する。森へ連れて行かれる際に，白い小砂利を置いて，帰り道に目印をつける。月明かりに光る小砂利を目印に二人は家にたどり着く。継母は再び二人を捨てる算段を付けるが，二人は小砂利を手に入れることができない。そこで，パンを地面に置くが，鳥たちにパンは食べられてしまう。

　三日目の正午に「雪のように白いきれいな小鳥」がやってきて，二人をお菓子でできた家に誘う。二人は喜んで家を食べるのだが，その家は赤い目をした魔女の家だった。魔女はヘンゼルを掴んで畜小屋に閉じこめ，グレーテルに世話をさせる。魔女は時折ヘンゼルが太ったかを確かめに行くが，ヘンゼルは「何かの小さな骨」を突き出して，魔女をだます。我慢できなくなった魔女がヘンゼルを食べようと決心する。魔女はグレーテルも竈に閉じこめて食べようとするが「どうしていいか分からない」とグレーテルは嘘をついて，「婆さん」を竈へ閉じこめ，魔女は焼け死ぬ。ヘンゼルとグレーテルは，魔女の「真珠や宝石」を手に，帰路につく。ところが帰り道には大きな川がある。グレーテルは鴨に呼びかけて背中に乗せて貰い，向こう岸へ渡る。ようやく家にたどり着くと，継母は死んでいて，親子三人は「うれしい

3　『ヘンゼルとグレーテル』(KHM 15) の内容は以下から要約した。Hrsg. von Heinz Rölleke: Grimms Märchen. Frankfurt a. M. (Deutscher Klassiker) 1985, Band 16, S. 86-92.

ことばかりで」暮らした。

　KHM の『ヘンゼルとグレーテル』では，まず両親が百姓ではなく，木こりであり，二人がお菓子の家に辿り着くまでに一度帰宅し，お菓子の家から帰宅するまでに川を渡る話があるなど相違点はあるが，「お菓子の家」に悪意のあるお婆さんが住んでおり，兄妹を食べてしまおうと企む昔話は，同一の昔話に見える。

図1：『魔の家と子供』のプロット分析

2. 明治期におけるグリム童話の翻案

　日本国内で初めてグリム童話が翻訳されたのは，明治20年（1887年）であり，明治期には盛んに翻訳や翻案が出版されている。明治時代の日本では1896年以降いわゆる口演童話活動が活発になるなど，近代国家における子どもの教育が重要視されていた。

2-1. メルヒェン改変と『ラプンチェル』

　例えば，ディズニー映画にもなった『ラプンツェル』(KHM12)も明治44年（1911年）に『家庭お伽文庫第6編』に『ラプンチェル』として翻訳されている。

　このメルヒェンの翻訳自体は，KHMの決定版（1857年版）にほぼ忠実であるが，翻訳過程で一部変更された形跡がある。たとえば，主人公の名前の由来となった「ラプンツェル」は，そもそも食用の「のぢしゃ（コーンサラダ）」のことであるが，『ラプンチェル』ではこのRapunzelが「苺」[4]と訳されている。これは，翻訳者が「ラプンツェル」を実際に目にした経験がなかったことに起因すると考えられる。「妊娠中に食べたくなる畑で採取される野菜」というイメージからの連想で「苺」と翻案されたと推測できるが，海外渡航はおろか外国人との交流など想像もつかなかった当時の読者層にとっては理解の助けとはなったと考えられる。

図2

↑「魔者」と訳された「魔女」

4　川戸道昭，榊原貴教編『明治期グリム童話翻訳集成　第1巻』（紀伊國屋書店）1999年，272頁。

主人公ラプンツェルを連れ去り，塔に幽閉して養育する魔女も，髭を生やした鬼のような姿をした魔物（前頁, 図 2）[5] として描かれている。これは翻訳者がドイツ語の Zauberin（魔女）を「魔者」[6] と訳したことに起因すると推測されるが，翻訳に使用された原典としてドイツ語ではなくオランダ語版や英語版が参照された可能性も排除できない。

2-2. 語り手によるメルヒェンの改変

ところで，口承で伝わる昔話には従来三つの改変がなされたと考えることができる。第一の改変は語り手による改変である。第一の改変については，すでにグリム兄弟によるメルヒェン収集に伴って誤解が生じていた。すなわち，メルヒェンの語り手としての「昔話お婆さん」が昔話を正確に口承で伝承している，という誤解である。グリム兄弟の『子どもと家庭ためのメルヒェン』（1837 年版）の序文には下記のような記述がある。

> 　　そうした幸運のうちのひとつが，カッセルにあるニーダーヴェーレン村［ゲッティンゲン近郊］出身の農婦と知り合ったことであった。彼女が第二巻のすばらしいメルヒェンの大部分を語ってくれたのである。このフィーマンという名前の女性は，まだ壮健で，50 歳を越えたばかりであった。彼女は，どこかしっかりとした，思慮深く，好ましい印象を与える顔つきをしており，大きな瞳で聡明かつ鋭敏な様子で見つめるのだった。彼女はたいへん古い伝説をしっかりと記憶にとどめていたのだが，そのことは（彼女はたしかにそのように言ったのだが）「誰にでも授けられているものではない」才能であって，「たいていのひとはきちんとした形で覚えていられない」と言うのだった。その際彼女は，慎重かつ確実に，また並外れて生き生きと嬉しそうに語った。最初はまったく自由に，そして求められればもう一度ゆっくりと物語った。だから何度か練習をしてメモをとることができた。多くのメルヒェンはこうして言葉通りに保持されているので，その真実性は疑われえないだろう。[7]

5　同上書，294-295 頁。
6　同上書，228 頁。
7　Hrsg. von Heinz Rölleke: Grimms Märchen. Frankfurt a. M. (Deutscher Klassiker) 1985, Band 16, S. 16.

グリム兄弟が出会ったというフィーマンは「壮健で」「どこかしっかりとした，思慮深く，好ましい印象を与える顔つき」をしており，「大きな瞳で聡明かつ鋭敏な様子で見つめる」という過剰に演出された「理想的な語り手」として描かれ方をしている。いかにも信頼が置ける印象を強調するグリム童話の描写は，グリム兄弟自身がその点に議論の余地があること認識していたことを示している。

　グリム兄弟は「多くのメルヒェンはこうして言葉通りに保持されているので」メルヒェンの「真実性は疑われえない」と述べている。ところが実際には，グリム兄弟が収集したメルヒェンは，ドイツ土着の昔話ではなく，フランス等に由来するとも考えられる物語であったことが明らかにされている。

　グリムが第二版の序文でフィーマンに言及したことにより「昔話お婆さん」のイメージが定着し，土着の理想的なメルヒェンの語り手像が形作られた。引用箇所ではその他のメルヒェンの提供者については言及されていないが，ハインツ・レレケが 1975 年の研究[8]で検証を行い，以下のような背景が明らかにしている。

　メルヒェンの語り手として毎週日曜日にグリムが開いたお話の会で昔話を提供した「ハッセンプフルーク家」[9]はクーアヘッセンの上級公務員（後に行政事務官）の Johannes Hassenpflug の娘たちとその妻 Maria Magdalena Hassenpflug（1788-1756 ユグノー派の出身）であった。そもそも名字が「ハッセンプフルーク家（直訳すれば「鋤嫌い」)」である時点で，土着の農家とは考えにくい。なお，ハッセンプフルーク家のメルヒェンについては「グリムが話している最中にメモを取ったのか，後日仕上げたのか，記憶から書き付けたのかは定かではない」[10]とされており，レレケも「ハッセンプフルーク家の昔話は，ペロー由来のものとカッセルの昔話が混ざっているものと思われる」[11]と述べている。

　カッセルにある薬屋ヴィルト家の Rudolf Wild の妻 Dorothea Catharina Wild（1752-1813，ゲッティンゲンの哲学教授 Gensner 家の出身）とその娘 Dortchen Wild（1793-1867，1825 年から Wilhelm Grimm の妻）と Gretchen(1787-1819) もメルヒェンの提供者となっている。

8　Heinz Rölleke, Die ‚stockhessischen' Märchen der ‚alte Marie'. Das Ende eines Mythos um die frühesten KHM-Aufzeichnungen der Brüder Grimm, in: Germanisch-Romanische Monatsschrift. N. F. 25 (1975), S. 74-86.

9　Maria Magdalena Hassenpflug の妹たち Jeanette Hassenpflug(1791-1860) や Amalie Hassenpflug(1800-1871) からもメルヒェンを聞き取った。

10　Brüder Grimm: Kinder- und Hausmärchen. Die handschriftlich Urfassung von 1810. Hrsg. und kommentiert von Heinz Rölleke. Stuttgart(Philipp Reclam) 2007, S. 98.

11　Ebd.

ヴィルト家の昔話は，母親と乳母の Maria Müller（1774-1826，実際には Marie Hassenpflug が伝えた話だが，「老マリー」[12] が伝えた話として誤解されていた）由来の昔話と考えられる。

　上記のように比較的教養のあるフランスに由来する人物たちによって「口伝え」された昔話がグリムのメルヒェンとして収集された。ハッセンプフルーク家やヴィルト家のメルヒェンには，フランスの昔話やペローに由来するメルヒェンも多いと考えられている。『赤ずきん』『青ひげ』『長靴を履いた猫』などがハッセンプフルーク家で収集された。

　とりわけ『長靴を履いた猫 (Der gestiefelte Kater)』(KHM 33a) は，グリム童話第一版には掲載されたが，第二版では削除されている。これらのメルヒェンはフランス由来の物語と言える。グリム兄弟が話を聞いた人々のように，第一の改変として語り手は意図せずとも昔話の出自を歪めて伝えることがある。

2-3. 昔話収集者による改変

　グリム童話第二版の序文（1819 年）では可能な限り収集した昔話に手を加えていないと述べられている。

> 　私たちが収集した方法に関して言えば，まず第一に事実に対して忠実であることが重要だった。つまり，私たちは自らの仕方で何かを加えることはしなかったし，伝説の状況や特徴を自ら飾ることもせず，むしろそれらの内容を私たちが受け取った通りに再現した。その表現の大部分が私たちに由来していることは自明のことだとしても，収集についてのこうした観点から多種多様さをそのままにするためにも，私たちが気づいたすべての特徴を保持しようと努めた。[13]

収集者としては「気づいたすべての特徴を保持しようと努めた」としても「その表現の大部分が私たちに由来していることは自明」だと述べられている。グリム兄弟

12　「老マリー」とは，ヴィルヘルム・グリムの息子ヘルマンが，太陽薬局（ヴィルヘルムの妻の実家）に住んでいた戦争未亡人「マリー」とした（誤解した）架空の「昔話お婆さん」のこと。レレケの調査によって，この「老マリー」はハッセンプルーク家の娘 Marie Hassenpflug であることが判明した。ハッセンプルーク家もユグノー派であり，日常生活ではフランス語で会話していたと推測される。

13　Grimms Märchen. Hrsg. von Heinz Rölleke. Frankfurt a. M. (Deutscher Klassiker)1985, Band 16, S. 18.

としては，表現の改変を認めているが，それはどの程度の改変だろうか。『狼と七頭の子ヤギ』の例を見てみたい。グリム兄弟がアヒム・フォン・アルニム[14]に送った草稿（1810年の6. Der Wolf）では下記のような表現である。

> 昔々，一頭の雌ヤギに七頭の子ヤギがいました。雌ヤギが出かけなくてはならなかったときに，彼女は子ヤギたちに狼に注意して，家に入れてないように言いつけました。[15]

この箇所が第三版（1837年版の5. Der Wolf und die sieben jungen Geisslein）では次のように変更されている。

> 一頭の雌ヤギに七頭の子ヤギがいましたが，みんなおかあさんのことが大好きでした。そして狼によく気をつけていました。ある日，雌ヤギが餌を食べに出かけなくてはいけなくなったとき，みんなを呼び集めて言いました。「かわいい子どもたち，私は餌を食べにいかなくてはなりません。狼から身を守って，決して中に入れてはいけません。」[16]

『狼と七頭の子ヤギ』では母親の言いつけが台詞として独立しており，心情描写も追記されている。「気づいたすべての特徴を保持しようと努めた」とは言っても，実際には台詞や心情を加えるなど現在の基準に照らせば改作に近い書き換えがなされている。これが第二の改変である。

こうした加筆や修正は枚挙に暇がないが，第一版はヤーコプが調整し，第二版以降はヴィルヘルムが改作している。さらに，複数の断片的なメルヒェンをひとつの昔話としてまとめた形跡も見られる。以上から，グリム版のメルヒェンには次のような三段階の改変が加えられていると考えられる。

第一に語り手によって伝承の中で出自や内容が変化し，第二に昔話収集者の判断

14　Ludwig Achim von Arnim(1781-1831)は創作メルヒェン『少年の魔法の角笛』の作者であるが，グリム兄弟が送ったグリム童話の草稿を返却しなかった。そのため，グリム兄弟は草稿に記した昔話を再度収集する必要があった。草稿と初版の記述の相違は，必ずしも昔話の形態が維持されるわけではないことも示している。

15　Brüder Grimm: Kinder- und Hausmärchen. Die handschriftlich Urfassung von 1810. Hrsg. und kommentiert von Heinz Rölleke. Stuttgart(Philipp Reclam) 2007, S. 18.

16　Hrsg. von Heinz Rölleke: Grimms Märchen. Frankfurt a. M. (Deutscher Klassiker) 1985, Band 16, S. 43.

に基づいて，表現の調整がなされた。そして，ここでは詳述しないが第三に昔話収集者がモチーフやプロットの補完が行った。日本語へ翻訳，翻案されたメルヒェンには，上記に加えて異文化間で翻訳する際の誤解に起因する改変が生じている。

2-4. 日本の民話となった北欧の伝説「大工と鬼六」

　異文化接触に際して生ずる改変の例に，日本土着の昔話と見なされてきた『大工と鬼六』がある。この『大工と鬼六』は，大正期の翻案を経由して次第に日本各地に広がり，土着の民話と誤解されて語り継がれた北欧神話由来の伝説であった。

　『大工と鬼六』の粗筋は以下の通りである。頻繁に氾濫する川に橋を架けるよう大工が依頼されるが，大工には橋の架け方が分からない。そこに鬼が登場し，橋を架けることができたなら，大工の目玉をもらうと約束させる。橋が架かると，鬼は目玉を差し出したくなければ自分の名前を当てろ，と言う。大工は子供たちが歌う童謡の歌詞から鬼の名前を「鬼六」だと知り，難を逃れる。

　櫻井美紀は『昔話と語りの現在』[17] の中で，「大工と鬼六」は大正期に水田光が『お伽文学』一二巻に北欧の伝説を児童のために「鬼の橋」という物語に書き換えた事実および水田自身そのことを明記していることを指摘している。さらに，この「鬼の橋」が日本で広まり『大工と鬼六』として伝わったことを跡づけている。

　メルヒェンの翻訳が始まった明治時代に続く大正時代には，「メルヒェン→翻案→児童文学」[18] という図式が成立していたことになる。『大工と鬼六』の例は，前述の三つの改変に加えて，第四の改変として翻案に際して記述の変更が生じていること，そしてこの第四の改編が翻案された場所でメルヒェンの再土着化を引き起こしていたことを示している。それでは，KHM の『ヘンゼルとグレーテル』との類似性が認められた前述の『魔の家と子供』の場合には，この図式は当てはまるだろうか。

3. 明治期における『ヘンゼルとグレーテル』の翻訳と翻案

　明治時代には『ヘンゼルとグレーテル』も繰り返し日本語に翻訳，翻案されて出版されている。そこで，グリム童話（決定版）と『魔の家と子供』を先に比較した後に，明治期の翻案と『魔の家と子供』の比較を行う。ここでは両者の類似性につ

17　櫻井美紀『昔話と語りの現在』（久山社）1998 年。
18　同上書，52 頁。

いて検討するために，メルヒェン（昔話）の展開を研究したウラジーミル・プロップの『昔話の形態学』[19]（1928 年）およびマックス・リューティの『昔話　その美学と人間像』[20]（1975 年）を参照する。

3-1. プロップを援用した比較

グリム童話 (KHM) の『ヘンゼルとグレーテル』(KHM15) と『魔の家と子供』の類似性を可視化するために，ウラジーミル・プロップによる昔話の理論を援用したい。プロップは本来ロシアの魔法昔話のために昔話のプロットに含まれる要素を記号化しているが，この記号は異文化間の昔話の比較にも利用することができる。

プロップの理論に基づいてグリムの決定版と『魔の家と子供』のプロットを分析すると，以下のように図式化（図 3 および図 4）できる。

グリムによる『ヘンゼルとグレーテル』決定版（1857年）																						
α	a_5	η_1	θ_1	β_2	F_5	A_9	B_5	η_1	θ_1	A_9	B_5	G_3	H_1	I_1	F_5	K_1	K_{10}	$C\uparrow$	M	N	U	W_3

小さな骨　　　　　　図 3

グリム兄弟の『ヘンゼルとグレーテル』には，そもそも 23 個のプロット上の要素[21] が認められる[22]。それに対して，『魔の家と子供』の物語展開には，下記の 15 の要素が認められる。『魔の家と子供』には，欠落している要素が多数認められるが，登場する要素の順序は概ね一致しており，両者間には類似性が認められる（図 4）。

『魔の家と子供』河北新報（2010年2月14日）																				
α	β_2	a_5	η_1	θ_1		A_9				B_5	G_3	H_1	I_1	F_5	K_1	K_{10}			U	W_3

他人の骨　　　　　　図 4

それぞれの要素を個別にに観察すると，『魔の家と子供』にはいくつかの要素が欠落している。まず，α は「導入部分」[23] であり家族構成が列挙されるが，これは

19　Vladimir Propp(hrsg. von Karl Eimermacher) : Morphologie des Märchens(Suhrkamp)1975. 邦訳：ウラジーミル・プロップ（北岡誠司訳）：『昔話の形態学』（水声者）1987。

20　Max Lühti: Das Volksmärchen als Dichtung: Ästhetik und Anthropologie(Eugen Diederichs Verlag)1975. 邦訳：マックス・リュティ（小澤俊夫訳）：『昔話　その美学と人間像』（岩波書店）1985。なお，本稿では下記の版を用いる。Max Lühti: Das Volksmärchen als Dichtung: Ästhetik und Anthropologie(Vandenhoeck u, Ruprecht)1990.

21　本稿では，プロップの記号に関してはアメリカ版の記号を用いている。各要素につてはドイツ語版を参照しているが，プロップのロシア語原典の記号とドイツ語版の記号，アメリカ版の記号はそれぞれ必ずしも一致しない。日本語訳ではアメリカ版の記号が採用されており，日本の読者はこの日本語訳に触れる機会が多いと考え，本稿ではアメリカ版（日本語訳）の記号を使用することとした。なお，各版における記号の同異については，ドイツ語版に対応表が掲載されている。Vladimir Propp(hrsg. von Karl Eimermacher) : Morphologie des Märchens(Suhrkamp)1975, S. 153.

22　各要素の内容については，図 1（3 頁）参照。

23　Morphologie des Märchens, S. 31. アメリカ版 α はドイツ語版 i. に相当する。

多くのメルヒェンに共通である。『魔の家と子供』では母親と死別し、「継母」が登場するが、これは「β2（両親の死）」[24]の要素である。ところで、グリム版では、第三版までは実の母親と父親が兄妹を捨てるが、第四版からは「継母」が父親を説得して兄妹を山に捨てる展開に変更されている。この展開の有無が、『魔の家と子供』が第四版以降のグリム童話を参照している証左とも思える。また、他の要素は欠落しているに過ぎないのだが、β2だけは語られる順番が変わっていることが特徴的である。ただ、実際には後で参照する明治時代の翻案でも日本語に翻訳された時点で多様な書き換えがなされていた。

　次に「η1（説得）」[25]および「θ1（敵の勧めに乗る）」[26]の要素が『魔の家と子供』には欠落している。グリム版では、継母の説得に従って、父親がその勧めに乗る形で、子どもたちを山に捨てに行く。山に捨てられた兄妹は、ヘンゼルが置いた小石を頼りに一度家に帰ってくる。『魔の家と子供』ではこの展開が欠落している。

　さらに、「C↑（主人公が改めて探索に出る）」[27]と、「M（難題が課される）」[28]および「N（難題の解決）」[29]の各要素もこの昔話では欠落している。KHMの『ヘンゼルとグレーテル』では、菓子の家から逃げ出した兄妹が帰郷する際に、川を渡る必要がある。この帰郷が、「C↑」の「主人公が改めて探索に出る」展開である。その際、アヒルに乗って川を渡るのだが、この川という障害物が現れる展開は「M（難題が課される）」と解釈することができる。そして、アヒルに乗って「川」[30]を渡ることで「N（難題の解決）」という展開が続く。『魔の家と子供』ではいずれの要素も欠落している。とはいえ、これらの各要素に関しては、新聞にシリーズ掲載された『魔の家と子供』では、紙幅の都合上一部が省略されたとも考えられる。

　グリムによる『子どもと家庭のためのメルヒェン』と『魔の家と子供』の比較でとりわけ関心を引くのは、「β2」がなぜ前半へ移動しているのかという点である。「β2」が移動している特徴がこの翻案だけの特徴なのかを確かめるために、この際『ヘンゼルとグレーテル』が最初に日本語に翻訳された時点まで遡りたい。下記にいくつかの翻案とその要素を一覧（次頁、図5）にした。

24　Morphologie des Märchens, S. 32. アメリカ版βはドイツ語版aに相当する。
25　Morphologie des Märchens, S. 35. アメリカ版ηは、ドイツ語版fに相当する。
26　Morphologie des Märchens, S. 35. アメリカ版θは、ドイツ語版gに相当する。
27　Morphologie des Märchens, S. 60. Cの要素はアメリカ版、ドイツ語版共にC。
28　Morphologie des Märchens, S. 61. アメリカ版Mは、ドイツ語版Pに相当する。
29　Morphologie des Märchens, S. 62. アメリカ版Nは、ドイツ語版Löに相当する。
30　「川」は一般に彼岸と此岸を分かつ象徴であるから、当初重要なモチーフであったはずだが、伝播過程で欠落したものと考えられる。なお、この「川」はグリム版ではWasser（たまり水、水路）。

　日本国内で初めて『ヘンゼルとグレーテル』が翻訳されたのは, 明治35年（1902年）とされている[31]。

『ヘンゼルと、グレエテルと』山君 訳（明治35年10月・1902年）

α		a5			F5	A9	B5			A9	B5	G3	H1	I1	F5	K1	K10	C↑	M	N	U	W3

食べた肉の骨

『深い深い森の中』天風 訳（明治35年12月・1902年）

α	β2	a5	η1	θ1	F5	A9	B5	η1	θ1	A9	B5	G3	H1	I1			K1	K10	C↑	M	N	U	W3

※日本では初期の翻訳からβ2が冒頭にある。　指のふし

『鬼婆退治』暁影生 訳（明治41年8月・1908）

α	β2	a5				A9	B5				G3	H1	I1	F5	K1	K10	C↑	M	N	U	W3

相談なしで捨てる　　　　何かの骨　　　　　　　　　　　　　　　　　　　図5

　最初期の翻訳である『ヘンゼルと, グレエテルと』（明治35年10月）[32]の特徴は, β2, η1, θ1の欠落, C↑, M, Nが残存するという点で『魔の家と子供』とは異なっている。

　モチーフに関しては,「骨」に関して, ヘンゼルが「食べた肉の骨」を使用している点で,「他人の骨」を差し出した『魔の家と子供』とは異なる。

　次に『深い深い森の中』（明治35年12月）[33]の物語展開は, β2の配置は前半に移動しており,『魔の家と子供』と共通しているが, η1, θ1およびC↑, M, Nが残っているという点で『魔の家と子供』とは異なっている。

　モチーフに関しては, ヘンゼルが「骨」を使用せずに, 自分の「指のふし」を差し出している点が『魔の家と子供』とは異なる。

　『鬼婆退治』（明治41年8月）[34]の物語展開は, β2は前半で共通しているが, η1, θ1が二度とも欠けており, C↑およびM, Nが残るという点で『魔の家と子供』とは異なっている。

　小道具に関しては,「骨」に関する記述は『魔の家と子供』と共通している。魔女を「鬼婆」に訳している点も『魔の家と子供』と共通している。

　いずれにせよβ2が最初の段階で紹介されるのが明治期の翻案, 翻訳に特徴的である。この時点までは完全に一致する底本は見当たらないが, β2の順序を保持しているという特徴が,『魔の家と子供』と明治期の翻案との関連を示唆している。

31　『ヘンゼルとグレーテル』の翻訳としては, 明治39年に『独逸童話集』に収録された『ハンゼルとグレツテル』があるが, これはKHM11の『兄と妹』の翻訳と見られるため, ここでは除外している。

32　川戸道昭, 榊原貴教編『明治期グリム童話翻訳集成　第2巻』（紀伊國屋書店）1999年, 44頁。

33　『明治期グリム童話翻訳集成　第2巻』, 49頁。

34　『明治期グリム童話翻訳集成　第2巻』, 62頁。

3-2. リューティを援用した比較

　マックス・リューティによるメルヒェンのモチーフ分析を援用して，『魔の家と子供』を分析したい。まず，『ヘンゼルとグレーテル』から変更されたモチーフについて確認したい。最初に気づく「鬼婆」は，リューティの要素で言えば「美の直接的な反対像である醜」[35] としての「醜い老婆 (eine häßliche Alte)」[36] の役割に相当する「魔女」が『魔の家と子供』では「鬼婆」に変更されている。また，『魔の家と子供』では「鬼婆」は赤い目をしているが，魔女が「赤い目」でよく見えないという表現は KHM 第三版にはない描写である。1957 年の決定版では，魔女は「赤い目で，あまり遠くまで見えない」[37] とある。すると，『魔の家と子供』は KHM 第四版以降に基づいている可能性が高まる。

　次に，いくつかの特徴的な表現についても確認しておきたい。『魔の家と子供』では，兄妹は「木の実」「アケビ」「グミ」を食べて暮らしている。KHM では，一家の食べ物に関する記述はない。「アケビ」や「グミ」は日本の東北地方に自生する食用植物である。現地で食べられる果実を加筆することにより，土着の昔話であることが印象づけられている。こうした小道具の加筆も，『魔の家と子供』も『大工と鬼六』と同様に，翻訳に際して土着の要素が組み込まれる「第四の改変」を経て，再度着化の過程に進んでいることを示している。

　「援助者 (Helfer)」[38] として登場する「美すな小鳥」も手がかりになる。KHM 第三版には美しい小鳥は登場しないが，KHM 決定版には，「白いきれいな小鳥 (ein schönes schneeweißes Vöglein)」[39] が登場し，道案内をする。このことも，『魔の家と子供』がKHM 第四版以降あるいは決定版を参考にした可能性を示唆している。

　維持されているモチーフとしては，「欠如（あるいは欠如を引き起こす損害）と欠如の充足 (Mangel(oder Schädigung, die einen Mangel bewirkt) und Behebung des Mangels)」[40] として母親の欠如を示す「継母」が挙げられる。KHM 決定版では，母親と父親が子捨ての相談をするが，『魔の家と子供』では，継母と父親が相談する。「継母」については，グリム童話でも第三版までは実の母親であり，

35　Das Volksmärchen als Dichtung: Ästhetik und Anthropologie, S. 40.
36　Das Volksmärchen als Dichtung: Ästhetik und Anthropologie, S. 43.
37　Brüder Grimm: Kinder- und Hasumärchen. Stuttgart (Philipp Reclam) 2010, Band 1, S.102.
38　Das Volksmärchen als Dichtung: Ästhetik und Anthropologie, S. 155.
39　Brüder Grimm: Kinder- und Hasumärchen. Stuttgart (Philipp Reclam) 2010, Band 1, S.100.
40　Das Volksmärchen als Dichtung: Ästhetik und Anthropologie, S. 68.

14

第四版以降「継母」に変更されている。このことからも『魔の家と子供』はグリム
の第四版以降（決定版を含む）を踏襲していると考えられる。

　また，魔女を竈へ誘導する様子は「操作 (Manipulationen)」[41] に相当する。『魔
の家と子供』では，女の子が「なじょすて焚ぐの」と魔女を騙して竈の中へ誘導し，
焚いてしまう。この展開は，下記のように KHM 第三版でも既に見られる。

　　　「どうしたらいいか分からないわ，まず私に見せてみてちょうだい。
　　　体を起こして！　私が中へ押してあげるわ。」[42]

保持されているモチーフとしての「操作」の要素だけではなく，ヘンゼルが魔
女に見せる小道具としての「骨」も維持されている。『魔の家と子供』では「賢
こい」男の子が，魔女に太ったことを悟られないように「そこらにあった人の
骨」を提示する。ただ，KHM 第三版では「人の骨」ではなく，「小さな骨 (ein
Knöchlein)」[43] を差し出しているため，この部分には微妙な差異がある。

　他方で『魔の家と子供』で削除されたモチーフとしては，「小道具 (Ding)」[44] とし
ての白い小石がある。KHM 第三版の『ヘンゼルとグレーテル』では，兄妹は兄が
置いておいた「石 (Kieselsteine)」[45] を辿って二人は一旦家に帰ってくるが，『魔の
家と子供』にはこの展開が欠落している。しかし，この点に関しては前述の通り新
聞の編集者による削除の可能性がある。

　「援助者」としての「アヒル」も『魔の家と子供』には欠如している。後半部分
の「帰郷する際に白いアヒルの背に乗って目の前の川を渡る」という展開が『魔
の家と子供』には欠落している。この場面の「アヒル (Entchen)」[46] も「援助者」と解
釈することができる。ところで，妹のグレーテルはいつの間にか動物と会話できる
ようになっている。これは魔女に親称 (du) で話しかけていることと関連している。
この箇所は「魔神的な様々な存在に打ち勝つことができる呼び掛けの言葉 (Anrede,
mit der man dämonische Wesen gewinnen kann)」[47] として，魔女や魔神に親しく
呼びかけることで，それらの魔術的な能力を主人公が獲得することができるという

41　Das Volksmärchen als Dichtung: Ästhetik und Anthropologie, S. 148.
42　Hrsg. von Heinz Rölleke: Grimms Märchen. Frankfurt a. M. (Deutscher Klassiker) 1985, Band 16, S.91.
43　Ebd. S. 91.
44　Das Volksmärchen als Dichtung: Ästhetik und Anthropologie, S. 163.
45　Hrsg. von Heinz Rölleke: Grimms Märchen. Frankfurt a. M. (Deutscher Klassiker) 1985, Band 16, S.88.
46　Ebd. S.92.
47　Das Volksmärchen als Dichtung: Ästhetik und Anthropologie, S. 60.

メルヒェンのモチーフに相当する。

　以上，特定のモチーフの有無に着目すると，『魔の家と子供』は少なくともグリム童話第四版以降あるいは決定版のモチーフを踏襲していることが分かる。

4. 伝承の経緯についての考察

　『魔の家と子供』がKHM第四版以降に基づいているとして，それはどのように東北地方に土着の昔話として定着したのだろうか。その伝播過程について考えると，いくつかの推測が可能である。まず，蓋然性の低い仮定として，『魔の家と子供』が先に日本で成立し，それがヨーロッパへ伝播したという経路も想定すること自体は可能である。ただし，「魔の家と子供」の類話をグリム以前の日本語の文献で確認できないため，この可能性は低い。次に，ヨーロッパと日本で同時発生的に同じ昔話が発生した可能性が考えられるが，これも同様の理由でここでは排除される。

　蓋然性が高い推測としては，『ヘンゼルとグレーテル』が日本へ伝播した後，『魔の家と子供』へ変化した，という可能性が考えられる。その際問題となるのは，はたして再話者が『魔の家と子供』が『ヘンゼルとグレーテル』の翻案だと知った上でこのメルヘンを日本の昔話と主張したのか，あるいは伝播過程で誤解が生じ，このメルヘンが「東北」の昔話として素朴に（悪意無く）伝えられたのか，である。

4-1. 昔話収集者・佐々木徳夫

　そこで，『魔の家と子供』を収集した人物，佐々木徳夫とは一体どのような人物だったのかを確認したい。昔話収集者の佐々木徳夫 (1929-2010) は，1929年宮城県登米郡中田町石森に生まれた[48]。佐々木は1953年，東洋大学文学部哲学科を卒業し，1957年から県立高校に勤めながら昔話などの採集を開始する。その業績が評価され，1992年には第26回吉川英治文化賞を受賞している。東北地方の昔話に関連した著作が多数あり，昔話研究者の小澤俊夫[49]とも親交があった。

4-2. 佐々木徳夫は明治期のグリム童話翻案の問題点を知っていたのか

　重要なのは，『魔の家と子供』を収集した佐々木徳夫がこの昔話について『ヘン

48　この町は石ノ森章太郎（『仮面ライダー』シリーズの原作者）の故郷でもある。
49　小澤俊夫はメルヒェン研究が専門のドイツ文学者，筑波大学名誉教授。指揮者小澤征爾の兄。

ゼルとグレーテル』を基にした昔話であると認識していたのか，という観点になる。というのも，佐々木が昔話をその由来によって峻別していれば，そもそも『魔の家と子供』が「みちのくわはは草子」として掲載されることもなかったと考えられるからである。

　その際注目すべき事実として，『魔の家と子供』を収集した佐々木徳夫も『大工と鬼六』を宮城県栗原郡一迫町で収集していたことが挙げられる。佐々木徳夫は手記の中で『大工と鬼六』を収集した経緯を述べているが，そこからは彼が翻案の問題を認識していたことが覗える。

> そのなかには「大工と鬼六」「藤の瘤」「生前の戒名」「富士山と筑波山」「梅酢の長者」「いとこ爺」「鎌倉権五郎」など，四十余年の昔話採集活動で初めて耳にする昔話もあった。なかんずく「大工と鬼六」（『仙台市史，特別篇 6 民俗』[仙台市，一九九八年] 所収）は，岩手と山形から各一話報告例があるのみで，この希有な話を管理しているとは思わなかった。感激した。〔…〕
>
> 　この話は昭和三十二年（一九五七年），松井直の再話と赤羽末吉の絵による絵本で有名になった。柳田国男はわが国固有の話としているが，最近になって北方の教会建立伝説の翻案であることが分かった。大正時に水田光という女流童話研究家が，その伝説をもとに，日本人の感性で『鬼の橋』として発表した。それが当時盛んだった口演童話運動によって東北地方に伝えられ，口伝えに語られているうちに「大工と鬼六」として定着した。[50]

水田光と『鬼の橋』の関係は，前述の櫻井美紀が『昔話と語りの現在』で明らかにした内容である。なお，佐々木が言及している『大工と鬼六』[51] の場合，登場する大工が「気仙大工」[52] であった旨が付け加えられている。「気仙大工」の例は，グリ

50　佐々木徳夫『われ成りて成りて　昔話採集家の人生手帳』（佐々木徳夫ふるさとの会）2001 年。
51　佐々木徳夫『馬方と山姥〜陸前・岩代の昔ばなし〜』（本の森）2004 年，211 頁。なお，佐々木はこの『大工と鬼六』の類話を昭和 6 年 12 月 7 日に宮城県栗原郡一迫町で収集したことを語り手の氏名を含めて記録している。また，この著作の「序」を小澤俊夫が寄せている。
52　「気仙大工」は，伊達政宗の命を受けて仙台藩士の支倉常長がローマ教皇パウロ 5 世に謁見した際に乗船した帆船サン・ファン・バウティスタ号の建造に携わった大工の流れを汲むとも言われる岩手県気仙地方の大工のこと。ここでは技術力の高い大工の代名詞として使用されている。『馬方と山姥〜陸前・岩代の昔ばなし〜』，213 頁。

ム兄弟が収集した際にも発生した第一の改変（伝承する者による改変）が，翻案に伴う第四の改編（翻訳者による改編）の後に再び生じている点で興味深い。

　2001年に出版された手記で「大工と鬼六」の由来に言及している佐々木が，メルヒェンが伝播して改編された事例を認知した上で，『魔の家と子供』の掲載を2010年に許している。それならば，佐々木は『魔の家と子供』がグリム童話に由来すると認識した上で東北の昔話として収集し，取り扱っていることになる。ただし，新聞社の編集者が佐々木に確認せずにシリーズに掲載した可能性も残る。

　佐々木が『魔の家と子供』の掲載を許したとして，その理由は彼が昔話の由来を問題にしたのではなく，当該地域に「定着した」と判断した昔話を，いわば作業として収集していたためと考えられる。というのも，佐々木は他にも明らかにイソップの寓話に由来する『金の斧』[53]を東北地方の昔話として出版しているからである。現存する昔話に関しては先入観を交えずに収集するという佐々木の収集態度は明らかである。

　そもそも，グリム童話に収集された昔話がペローによって先駆けて書籍化されていたか否かは，昔話研究において必ずしも決定的な事実ではない。というのも，昔話は口承で伝えられ，個別の物語の魅力と偶然に左右されながら，言語や文化，国境を超えて語り継がれて来たはずだからである。昔話あるいは物語は，それ自体が異文化間の壁を超越する性質を有していると言い換えることもできる。

　そうした認識に立てば，目の前の昔話が明らかにグリム童話に由来するからといって，それを収集しない理由にはならない。グリム兄弟が彼らに先んじてメルヒェン集を上梓した先人たちよりも評価されているのは，彼らが「いつ」「どこで」「誰から」収集したのかを記録したためである。それによって初めて，昔話収集は学術的な批判に堪える業績となった。佐々木が『魔の家と子供』や『金の斧』を収集したのも，グリム兄弟の仕事に倣って，意識的に収集活動を進めた結果と言えるだろう。佐々木もまた昔話収集に際して，収集日時，場所，語り手を記録していた。

5. 現代メディアによるメルヒェンの再土着化の可能性

　佐々木は敢えて中立的な態度で『魔の家と子供』を収集していた。だが，新聞メディアに「みちのくわはは草子」として掲載されたことによって，この翻案が再び

53　稲田浩二監修, 佐々木徳夫編『日本の昔話 11　永浦誠喜翁の昔話　宮城』（日本放送出版協会）1975年, 130頁。

土着の昔話として誤解される可能性が生じた。さらに，権威あるメディアとしての新聞が，誤解を補強し，その拡散を助長する機能を果たしうる状況が生じた。「みちのくわはは草子」の『魔の家と子供』を目にして，東北地方にもそのような昔話が存在したと素直に受容した読者がいても不思議はない。

　グリム童話やメルヒェン研究が浸透している現在の日本で，新聞メディアを通じて，再び『ヘンゼルとグレーテル』の翻案が土着の民話として紹介されているのは，いずれにせよ興味深い事象である。というのも，異文化間の越境を経ることによって，口承文学であったはずのメルヒェンの伝播に，「翻案」され「児童文学」として出版され，「昔話」として再話され，再土着化し，昔話研究者によって「再収集」され，新聞「メディア」によって拡散される，という一連の過程が加わったからである。『魔の家と子供』の事例からは，「メルヒェン（語り手と収集者による第一から第三の改変）→翻案（第四の改変）→児童文学→再土着化（再び第一の改変）」という『大工と鬼六』に見られた翻案の構図に加えて，「再収集→メディアによる拡散」という現代的な展開が確認できた。後者の展開が生じたのは，収集者の佐々木徳夫が予断を持たずに昔話を収集するという態度を貫いたためであるが，その科学的な態度がむしろ誤解を拡散させる可能性を残した。このことは，メルヒェンを含むあらゆる「物語」についての注釈（ファクトチェック）の重要性をも示している。

　『魔の家と子供』が新聞に掲載されたのは平成22年（2010年）のことであるが，本稿出版時点ではSNS等インターネット・メディア上の情報が急速に拡散される環境が整っている。匿名性を保ったまま急速に情報が拡散する空間で，昔話や物語が再び誤解に基づいた再話や再土着化を起こす可能性は十分に考えられる。そうした状況下で，昔話や物語，伝説はどのように変化していくのだろうか。2024年現在では，ネット上の「ナラティヴ」を利用して歴史認識を操作し，「フェイク」を喧伝することで利益を得ようとする行動は常態化し，世界は再び分断されつつあるようにも見える。インターネット上では日々異文化間の接触が発生し，ときには憧れを生み，ときには衝突を際立たせる。情報の量こそが正当性を補強するかに見える現代のインターネット空間で，メルヒェンや昔話は今後どのように変容していくだろうか。明治期のグリム童話受容や『魔の家と子供』が東北地方で再度着化した事例も，この先のナラティヴ・メディア，すなわち大小の「物語」が展開してゆく経緯を客観的に考察するための参考となるかもしれない。

「厳しい南と対峙する」[1]－インゲボルク・バッハマンの詩

『アクラガス川のほとりに *Am Akragas*』について

風岡 祐貴

1．はじめに

　まず本書が主題とする「異文化」と本論文がどのようにかかわるかを簡単に述べたい。そもそも異文化という言葉はいつからあるのだろうか。その歴史は意外と浅い。筆者の調べた限りでは，1992年の『三省堂国語辞典』第四版が初期の例としてあげられる。もちろん異文化という単語が成立する以前にすでに該当する現象はあったに違いない。おそらく「異なる文化」や「海外の文化」といった別の表現でまにあわせていたのだろう。それではなぜ異文化という単語が，従来の表現に取って代わり，さらには国語辞典に収録されるまでに定着したのだろうか。その理由の一つに，1980年代から90年代の経済的繁栄があげられる。この時期日本と海外の間で人の往来が非常に活発になり，多くの人々が異文化を意識するあるいはせざるをえない環境になったのである。そしてもう一つ，人文学の分野において，異文化は重要な概念となっていた。代表例はエドワード・サイードの『オリエンタリズム *Orientalism*』（1978，日本語訳は1986年）である。実際サイードは，「異文化とは何か What is *another* culture?」[2] という問いが『オリエンタリズム』の根本をなすのだと書いている。

　辞書の話に戻ろう。異文化という単語が数ある国語辞典の中でどのように定義されてきたのかを見渡すと，一定の説得力を持つのは広辞苑だろう。なお各辞典の比較は別稿で論じる予定でありここでは立ち入らない。広辞苑によれば「異文化」とは「生活様式や宗教などが（自分の生活圏と）異なる文化」[3] である。本論文では

1　Ingeborg Bachmann: *Ein Tag wird kommen. Gespräche in Rom. Ein Porträt von Gerda Haller*. Salzburg/Wien (Jung und Jung) 2004, S. 19.

2　Edward W. Said: *Orientalism*. New York (Pantheon Books) 1978, S. 325. イタリックはサイードによる強調である。また次の日本語訳も参照した。エドワード・W・サイード（板垣雄三・杉田英明監修　今沢紀子訳）：オリエンタリズム（平凡社），1987.

3　新村出編：広辞苑（岩波書店）第七版，2018，205頁。

「異文化」をこの定義に従って用い，インゲボルク・バッハマン（Ingeborg Bach-mann 1926–1973）の詩『アクラガス川のほとりに *Am Akragas*』を扱う。なぜならこの詩が二重に異文化と関連する作品だからである。一つはオーストリア，クラーゲンフルトの出身であるバッハマンにとってアクラガス川のあるイタリア，シチリア島は異なる文化圏であるということ。後で詳しく見るがバッハマン自身がイタリアでの経験を「厳しい南と対峙すること」と述べている。つまり，簡単に理解し受け入れられるものではないのだ。もう一つはアクラガス川（現在の名称はサント・ビアージョ川。アクラガスという名前は古代ギリシャの呼び名）を中心に発展したポリスのアクラガスが異なる文化圏の影響を強く受けてきた場所であるということだ。紛らわしいがアクラガスは川の名前であると同時に古代ギリシャのポリスの名でもあることに注意しなくてはならない。

　ただしイタリアはバッハマンがオーストリアを離れてから何年も生活していた場所であり，またバッハマンの生まれ育ったケルンテンはイタリアと近接している。そのためどこまで異なる文化圏といえるかは議論の余地がある。またアクラガスは古代だけを見てもローマやカルタゴなどの異なる文化圏が絡み合う場所であり，その重層性を知るにつれ異文化という用語だけではアクラガスの複雑さが十分表現できないことに気づかされる。何より作品とはそのような概念に回収されることなく，むしろ逸脱していくものである。もちろん異文化という単語ばかりが先行すれば作品を読むことにはならない。論者はこれを痛切に認識し分析を進める。

2．バッハマンの詩『アクラガス川のほとりに *Am Akragas*』

　多くの詩人と同じようにインゲボルク・バッハマンは地名を表題に含む詩を残している。たとえば『イギリスからの別れ *Abschied von England*』，『パリ *Paris*』，『ウィーン郊外の広大な風景 *Große Landschaft bei Wien*』，『ボヘミアは海辺にある *Böhmen liegt am Meer*』，『プラハ 64 年 1 月 *Prag Jänner 64*』，『アピュリアにて *In Apulien*』，『ローマの夜景 *Römisches Nachtbild*』である。このようにあげていくと地名の用いられ方は決して単調ではなく，作品によって異なることに気づかされる。そしていかに注意深く地名が表題に組み込まれているかが窺える。本論文で扱う『アクラガス川のほとりに *Am Akragas*』には前置詞「〜に」が地名と組み合わされている。川に接するということは，川だけでなくそこから空間が広が

りを見せることを意味する。そしてすでに述べたように「アクラガス」という古称によって時間の広がりも確保される。まずは全文を以下に引用しよう。

Am Akragas

Das geklärte Wasser in den Händen,
an dem Mittag mit den weißen Brauen,
wird der Fluß die eigne Tiefe schauen
und zum letzten Mal die Dünen wenden,
mit geklärtem Wasser in den Händen.

Trägt der Wind aus Eukalyptushainen
Blätter hochgestrichen, hauchbeschrieben,
wird der Fluß die tiefren Töne lieben.
Festen Anschlag von den Feuersteinen
trägt der Wind zu Eukalyptushainen.

Und geweiht vom Licht und stummen Bränden
hält das Meer den alten Tempel offen,
wenn der Fluß, bis an den Quell getroffen,
mit geklärtem Wasser in den Händen
seine Weihen nimmt von stummen Bränden.[4]

アクラガス川のほとりに

清められた澄んだ水を両の手で掬い,
白い眉をした正午に,
川の流れは自身の深さを見つめるだろう
そして最後には砂丘を覆すだろう,

4　Ingeborg Bachmann: *Am Akragas*. In: Dies.: *Werke*. Hrsg. v. Christine Koschel, Inge von Weidenbaum und Clemens Münster. München/Zürich (Piper) 1978, Bd. 1, S. 135.

その手で掬い取った清められた澄んだ水で。

風がユーカリの林から
木々の葉を運ぶ，風にさすられ高く舞いその息づかいで
　　　　　　　　　　　　　弧を描いた木々の葉を
そのとき川の流れはその深い音色を慈しむだろう。
火打石を打ちつけるかたい音色を
風はユーカリの林へ運ぶ。

そして光と無言の炎によって聖なる場所として浄められ
海は古い神殿を開ける，
川の流れが，水源まで達して，
両手で掬い取った清められた澄んだ水で
無言の炎から聖なる力を取り出すならば。

　この詩は 1955 年に雑誌『年輪 *Jahresring*』55/56 号に発表され [5]，翌年には第二
詩集『大熊座の祈り *Anrufung des Großen Bären*』（1956）に収録された。
　ところでこのアクラガスという名称は私たちにとってなじみのあるものではな
い。そこでまず詩の解釈に入る前に予備的考察を行いたい。すなわち古代ギリシャ
のアクラガスについて，さらにこの詩にとって重要なエンペドクレス（前 493 頃
〜前 433 頃，アクラガス生まれの哲学者）について説明する。それから少し本題
から逸れるがアクラガスと日本人のかかわりを紹介したい。なぜなら本書のテーマ
である異文化の接触にとっても示唆に富むと思われるからだ。そして最後にバッハ
マンとイタリアやシチリア島との関連を探り，作品を擬人法に注目して分析する。
そして擬人法がどのような意味を持ちアクラガスがなぜ作品の舞台に選ばれたのか
という問題に取り組む。以上が考察の手順である。

5　Ingeborg Bachmann: *Am Akragas*. In: *Jahresring 55/56. Ein Querschnitt durch die deutsche Literatur und Kunst der Gegenwart* (1955) S. 38.『年輪』に発表されたときには最終行が「光と炎から聖なる力を取り出す。seine Weihen nimmt von Licht und Bränden」だった。ほかに異同はない。

3．アクラガス―川と都市の名前

すでに見たように詩のタイトルはドイツ語で Am Akragas であり，これは「マイン川のほとりのフランクフルト Frankfurt am Main」と同じ用法と考えられる。ゆえにこの詩はまずアクラガス川のことを問題にしている。アクラガス川はシチリア島の南部を流れる川である。実際，詩の中では「川の流れ」が動作の主体として現れるのでアクラガス川が描写の中心にあることは疑いないが，同時に表題からポリスのアクラガスが思い浮かぶこともたしかである。なお 1960 年代にすでにアルフレート・ベーアマンが，アクラガスが川とポリスの名前であることに気づいてポリスの歴史に言及しているが「歴史の息吹」が詩の中にあると述べるに留まり，詩のテーマは「自然」と「自然の祝祭」であると考えている[6]。

ポリスの名称の由来には諸説あり議論の的ではあるが，デワールによればアクラガス川に因みアクラガスと命名されたという。そしてシチリア島には同じ水源に応じてポリスの名前がつけられるということは習慣としてあり，アクラガスというポリスがほかに四つあったという[7]。アクラガスはイタリア，シチリア島の都市アグリジェントの基礎をなす古代ギリシャのポリスで，サンタ・アンナ川（古代の名称はヒュプサス川）とサント・ビアージョ川（古代の名称はアクラガス川）の接点に位置している。マイヤーの百科事典の「アクラガス」の項目には「穀物・硫黄の取引」「外国との交流」というキーワードが並ぶ[8]。この表現はアクラガスの歴史を紐解くために欠かせない。その歴史を確認しよう[9]。アクラガスの歴史は古く前六世紀に遡る。およそこのころギリシャの植民都市として成立した。その後，僭主の統治から民主制に移行し繁栄を極めた。現在遺跡として残る多くの神殿がこの時期に建設されたという。ここは交易の地として人と物の往来が活発で富の集積する場所であり，デ

6　Alfred Behrmann: *Metapher im Kontext. Zu einigen Gedichten von Ingeborg Bachmann und Johannes Bobrowski*. In: *Der Deutschunterricht. Beiträge zu seiner Praxis und wissenschaftlichen Grundlegung*. 20 (1968) Heft 4, S. 28–48, hier S. 34 und S. 36.

7　J.A. de Waele: *Acragas Graeca. Die historische Topographie des griechischen Akragas auf Sizilien. I. Historischer Teil*. Aus dem Niederländischen übertragen v. R. Rahier. 's-Gravenhage (Staatsuitgeverij) 1971, S. 10.

8　*Meyers enzyklopädisches Lexikon in 25 Bänden*. 9., völlig neu bearb. Aufl. Mannheim/Wien/Zürich (Lexikonverlag) 1971, Bd.1, S. 471–472, hier S. 471.

9　古代ギリシャのポリスのアクラガスについてはデワールのほかに以下の研究書との比較も行った。 Julius Schubring: *Historische Topographie von Akragas in Sicilien während der klassischen Zeit*. Leipzig (Engelmann) 1870. さらに遺跡の写真などについては以下の文献が参考になる。Giuliano Valdés: *Sicilia. Un viaggio nell'archeologia, nell'arte, nella cultura dell'isola più bella del Mediterraneo*. Firenze (Casa Editrice Bonechi) 2003. この日本語訳が『芸術と歴史の島　シチリア　地中海に浮かぶ魅惑島シチリアの考古学，芸術，文化を訪ねて』として同じ出版社から 2005 年に出版されており参照した。

24

ワールによれば「紀元前五世紀末の数十年間にアクラガスの富は諺になるほどの声望を得た」[10] という。しかしそれゆえに争いの絶えない場所であった。事実，前五世紀にはカルタゴやシラクサとの武力衝突が続きポリスが占領され破壊された。そして前三世紀にはローマやカルタゴに侵略され，第二次ポエニ戦争にも巻きこまれている。それ以降もアクラガスは中世，近代にかけ外敵の侵入に曝され，破壊と再建を繰り返した。ローマが東西に分裂すると，ビザンツの支配下に入る。しかし九世紀にサラセンによって占領され，その後十一世紀にノルマンによって征服された。さらにスペインやブルボンの支配を受け，最終的にイタリアに帰属したのは十九世紀のことである。遺跡としての神殿は古代の戦火の傷跡を強く留めていて[11]，中には瓦礫の山と形容すべき場所さえある。アクラガスの歴史は，異文化の接触が手放しに喜べるものなどではなく，むしろ暴力をはらむことを教えている。

　そして 1950 年代にバッハマンがここを訪れていたとしたら，アクラガスは，廃墟の神殿は，どのように見えただろうか。ちなみにシチリアの第二次世界大戦の被害は甚大であった。シモーナ・コラリーツィによれば 1943 年にシチリアに上陸した連合軍の目には「いたるところ廃墟しか見えなかった」[12] という。「多数の村落，都市の複数の区画全体が完全に破壊し尽くされていた。この恐ろしい破壊をもたらしたのは，まさに五月から六月にかけて二か月のあいだ，この島に驚くほど大量の爆弾を投下したイギリス・アメリカの爆撃であった。」[13] このような記述を読めば，戦火がどれだけ凄まじかったかは容易に想像がつくだろう。

4．エンペドクレス

　次にアクラガスの歴史を語る上で不可欠な人物に触れる。それはエンペドクレスである。すでにエヴァ・コチスキーが示しているように[14]，この詩の解釈においてエンペドクレスは非常に重要である。エンペドクレスは前 493 年頃にアクラガスに生まれ，前 433 年頃に亡くなったといわれる。ディオゲネス・ラエルティオスの『ギリシャ哲学者列伝』の中にエンペドクレスについての記述がある。しかしディ

10　de Waele (Anm. 7), S. 121.
11　Éva Kocziszky: *Das fremde Land der Vergangenheit. Archäologische Dichtung der Moderne.* Köln/Weimar/Wien (Böhlau) 2015, S. 133.
12　シモーナ・コラリーツィ（村上信一郎，橋本勝雄訳）：イタリア 20 世紀史　熱狂と恐怖と希望の 100 年（名古屋大学出版会）2010，250 頁。
13　コラリーツィ，前掲書，250 頁。
14　Kocziszky (Anm. 11), S. 131–132.

オゲネス・ラエルティオスは三世紀の人物であり，エンペドクレスの時代と七百年以上の隔たりがある。そのためその著作は，ほかの人物がエンペドクレスについて言及している箇所を引用することで成立しており，事実に忠実であるとはいえず脚色した可能性も否定できない[15]。

　エンペドクレスは今日では哲学者としてその思想が評価されるが，医者，政治家，詩人としても活躍していた。エンペドクレスの作として伝わる断片詩（『ペリ・ピュセオス（自然について）』と『カタルモイ（浄め）』）があり，医者としての活動が窺える。そこにはたとえば病人たちが，エンペドクレスの言葉を聞くために彼に尋ねる描写がある[16]。また出自は貴族であるが政治においては民主制を推進したため，エンペドクレスがアクラガスを離れている間に敵対勢力によって追放処分にされ，故郷に帰還できなくなってしまった[17]。彼の最期についてはいくつかの伝承があるが，有名な話はエトナ山の噴火口へ身を投げたというものである[18]。

　ドイツ文学ではヘルダーリンの『エンペドクレスの死 Der Tod des Empedokles』（1826）によってよく知られた人物である。哲学の博士号を取得していたバッハマンにとってアクラガスとエンペドクレスは容易に結びついただろう。またその哲学について何らかの知識を持っていたはずである。

　エンペドクレスの哲学によればあらゆる事物は四大の混合によって成り立つ。そしてディオゲネス・ラエルティオスをはじめとする人々がエンペドクレスの思想を解説するためにポイントとしてあげているのがフィリア（愛）とネイコス（争い）で，この二つの力が四大の結合や分離をもたらすのだという[19]。アクラガスの廃墟の神殿のように，エンペドクレスの手によるといわれる著作もまた断片という形でしか残されていないが，四大の相互作用を人間らしい感情によって説明することは擬人法につながる。四大に関連づけてバッハマンの詩を見ると，詩が火ではなく水を重視して組み立てられていることは，たとえば主語と詩の結びからたしかである。激

15　ディオゲネス・ラエルティオスの『ギリシャ哲学者列伝』とその英訳は以下の文献を参照した。Diogenes Laertius: *Lives of eminent philosophers*. With an English translation by R.D. Hicks in two volumes. Cambridge/Massachusetts (Harvard University Press) und London (Heinemann) 1972, Bd. 2, S. 366–391. また以下のドイツ語文献も参照した。Walther Kranz: *Empedokles. Antike Gestalt und romantische Neuschöpfung*. Zürich (Artemis) 1949. またエンペドクレスの断片詩とその英訳は以下の文献を参照した。Empedocles: *The extant fragments*. Edited, with an Introduction, commentary and concordance by M.R. Wright. New Haven/London (Yale University Press) 1981. エンペドクレスの断片詩とディオゲネス・ラエルティオスの『ギリシャ哲学者列伝』の日本語訳は以下の文献を参照した。内山勝利，日下部吉信，国方栄二，藤沢令夫，丸橋裕，三浦要訳：ソクラテス以前哲学者断片集　第二分冊（岩波書店）1997。

16　Empedocles (Anm. 15), S. 134 und S. 264.

17　Diogenes Laertius (Anm. 15), S. 378–381.

18　Diogenes Laertius (Anm. 15), S. 382–383.

19　Diogenes Laertius (Anm. 15), S. 388–391.

情または情熱の隠喩として火を，そして水を陶酔を醒ます冷静なものとして考える
ならば，三連で燃え上がるものを冷ますように水が何かを取り出そうとする身ぶり
は，詩の言葉がもたらす高揚に留保をつけているようにみえる。

　『アクラガス川のほとりに』に「水」など四大を意識させる単語が現れるからといっ
てそれだけでエンペドクレスと結びつけることは難しい。しかしコチスキーがすで
に指摘しているように[20]，自然の描写と動詞「愛する」の組み合わせがあればそれ
も可能だ。さらに動詞「浄化する klären」や「聖なる場所とする weihen」はエン
ペドクレスの断片詩『カタルモイ（浄め）』とつながる。ほかにも詩の形式からも
エンペドクレスとの関連を見出せるだろう。というのもエンペドクレスの断片詩で
は同詩句の反復が意図的に行われるため[21]，バッハマンの『アクラガス川のほとり
に』の形式と対応する。エンペドクレスにおいては「円環回帰的な宇宙論に呼応し
て，詩の上でも反復的な表現がされている」[22]ともいわれる。また三連二行目から「古
い神殿」は海に近いことがわかる。アクラガス周辺の地図[23]を見るとほとんどすべ
ての神殿がポリスの内側にあるにもかかわらず，城壁の外側，海から二キロほどの
場所に神殿跡が一つある。ちなみにゲーテの『イタリア紀行』[24]にも描かれるこの
神殿跡はアスクレピオスの神殿とされ，エンペドクレスの生まれた場所に築かれた
といわれている[25]。

　以上のようにエンペドクレスについて直接の言及がないにもかかわらず，それで
も彼につながる表現があるとしたら，この詩はエンペドクレスの不在すなわち彼が
アクラガスを去った後そこで何が起こったのかを問題にしているのだと解釈するこ
ともできる。いずれにせよ確かなことは，バッハマンがエンペドクレスを詩の中で
描き出すつもりがなかったとしても，作品は作者の意図を越えて読者に働きかける
ということだ。語彙の思わぬ結合がエンペドクレスへの連想を生み出すこともあり
えるのだ。

20　Koczisky (Anm. 11), S. 132.
21　ソクラテス以前哲学者断片集，242 頁。
22　ソクラテス以前哲学者断片集，242 頁。
23　de Waele (Anm. 7), S. 282.
24　Johann Wolfgang von Goethe: *Italienische Reise*. In: Ders.: *Werke. Hamburger Ausgabe in 14 Bänden.*
　　Textkritisch durchgesehen v. Erich Trunz. Kommentiert v. Herbert von Einem. München (C.H. Beck)
　　1994 [Nachdruck München (dtv) 1998] Bd. 11, S. 276.
25　de Waele (Anm. 7), S. 201–203.

5．アクラガスと日本人

　ここで先に述べたようにアクラガスと日本人のかかわりについて触れておきたい。実はこの地を第二次世界大戦前に旅した日本人がいる。漱石門下として知られた安倍能成である。彼はその印象を『古のアクラガスを訪ふ』と題したエッセイにまとめている。わずか数頁の短いエッセイは次のように始まる。

> 詩人ピンダロスによつて「人間の持てる最も美しい都」と讃へられたマグナ・グレキヤの旧都，残虐な暴君ファラリスによつて，民主主義的な哲学者エムペドクレスによつて史上に有名な都，ドリア文化の俤を残す一大廃墟，希臘のアクラガス，羅馬のアグリゲンツム，今のジルゼンティを訪ふべくパレルモを立つたのは，大正十四年一月十九日朝十時であつた。[26]

　ここにはアクラガスの歴史を語るうえで大切なものが散りばめられている。まずピンダロスの詩句については，バッハマンの詩と深い関係があるように思われる。そのためここでは取り上げず後の分析に回す。残りの語句に注釈をつけるとすれば，「マグナ・グレキヤ」とは，古代ギリシャ人たちがギリシャの外つまりイタリア南部やシチリアなどに作ったギリシャの文化圏を指す。また「ドリア文化の俤」といわれる理由はシチリアに残る神殿はほとんどすべてドーリア式だからである。「暴君ファラリス」とは前六世紀のアクラガスの僭主である。アクラガスで僭主政治が行われたことについては先に触れたが，彼は空洞の牛の形をした鋳物を作らせ，罪人をその中に入れて熱し処刑したという。この残虐性が暴君と呼ばれるゆえんである。それから次の人物「エムペドクレス」については前章で説明した通りである。

　もう一つエッセイを読み気づかされることがある。それはアクラガスの名前の変遷である。前々章のアクラガスの歴史を思い返してほしい。安倍は「今のジルゼンティ」と書いているが，今日の地名は先述のアグリジェントである。整理するとアクラガスはまずローマの支配を受け「アグリゲンツム」と呼ばれ，九世紀にアラブの統治下に入り「ジルゼンティ」と改称させられた。そして 1927 年つまりムッソ

26　安倍能成：安倍能成選集　第二巻（日本図書センター），1997，246 頁。なお旧仮名遣いはそのままとし旧字は新字に適宜改めた。

リーニの政権下でローマ時代の呼び名にならってアグリジェントと名づけられた。バッハマンがアグリジェントではなくアクラガスという地名にこだわったのもこのような多層的な背景があったからではないか。

　それでは安倍能成はこのポリスをどのように伝えているのだろうか。まず「今の市街はイタリヤの古い都市によく見る（例えばアシジの町の如くに）丘状の町である。それが南の方海に向つて緩かな斜面をなして居るあたりに，多くの希臘の廃墟は散点」[27] しているという。そしてその遺跡は，「完全に自然と調和した荘厳な偉大な観物」[28] であり，「自然の悠久と共に人間の歴史の短くないことを想はさせる」[29] と述べている。さらに彼がフォロ・ロマーノとアクラガスを見比べ自然との調和を見出している点は注目すべきである。安倍能成でさえ二つの遺跡を比較するよう心動かされるならば，ローマに住むバッハマンはなおさらであろう。何より『アクラガス川のほとりに』においても自然描写が際立つ。安倍能成は 1925 年 1 月 19 日から翌 20 日までこの場所に滞在し，今日「神殿の谷」と呼ばれる区域をくまなく見て回っている。しかし残念ながら前章で言及した海沿いの神殿についての記述はない。ただし興味深いのは観光に訪れた外国人のみならず現地のシチリアの人々と遺跡のあちらこちらで出くわし，生き生きと言葉を交わしているところだ。エッセイと詩というジャンルの違いこそあれ，バッハマンの詩『アクラガス川のほとりに』にはこのような人々の姿はなく，改めてこの詩が持つ特徴に気づかされる。

6．バッハマンとイタリア，シチリア島

　これまで詩の理解の前提としてアクラガスとエンペドクレスについてはすでに見てきたので，ここからはバッハマンとイタリアのかかわりを探っていきたい。最初に結論からいうと彼女がアクラガスの古代遺跡を見たかどうかを確定することは難しい。論者が調べた限り先行研究の記述に，バッハマンがアグリジェントを旅行したということは言及されていない。しかし言及がないからといって可能性を否定することはできない。調査を進めればバッハマンとアグリジェントの関係がわかるかもしれない。いずれにせよバッハマンとイタリアそしてシチリア島との関係は密接である。バッハマンは 1952 年にイタリアを旅行し，次の年には友人のハンス・ヴェ

27　安倍，前掲書，248 頁。
28　安倍，前掲書，248 頁。
29　安倍，前掲書，248 頁。

ルナー・ヘンツェがいたイスキア島に滞在している。1954 年にはバッハマンはロー
マに移り住み，この年，彼女の提案で四十七年グループの集会がサン・フェリーチェ・
チルチェーオで行われた。そして同年ヴェネツィア・ビエンナーレのためバッハマ
ンはヴェネツィアを訪れている。1954 年から 1955 年の冬にかけて，そして 1956
年にも，ヘンツェの暮らしていたナポリで生活し，ふたたびイスキア島にも数日間
滞在している。1956 年にはヘンツェとともにミラノのスカラ座も訪れている。以
上がこの詩が発表される以前のバッハマンの創作に大きな影響をあたえたと思われ
るイタリアの場所である[30]。バッハマンはローマに移住後も，ミュンヘン，チュー
リッヒ，ベルリンへ生活の場所を転々と変えるが，1965 年にはふたたびローマに
戻り 1973 年にそこで亡くなる。『アクラガス川のほとりに』が収録された第二詩
集にはイタリアの地名が頻出するがこれには以上の事実が影響を及ぼしている。た
とえば前述の『アピュリアにて』，『ローマの夜景』があり，『逃亡途上の歌 Lieder
auf der Flucht』にはナポリの地名が現れる。シチリア島については，バッハマン
がヘンツェに宛てて書いた手紙の草稿から，パレルモを訪問したことはわかってい
る[31]。1950 年代に執筆され未完のまま残された『エトナ山をのぞむ窓 Ein Fenster
zum Ätna』ではジョイア・タウロ，タオルミーナ，ジェーラ，メッシーナ，それ
からメッシーナ海峡の難所スキュラ，カリュブディスという地名が短い作品の中に
散りばめられている[32]。バッハマンがシチリア島の地理に明るいことが示唆される。
　以上のようにバッハマンとイタリアそしてシチリア島の関係は深く，そのことが
作品に反映されていることは疑いない。しかし作者の人生と作品を重ね合わせよう
としても必ずしも両者が一致するわけではない。しかも「作者の人生」と一括りに
してもその実態は複雑でイタリアにかかわる経験が幾重にも折り重なることを考慮
しておかなくてはいけない。その一例が，バッハマンが 1955 年に認めた手紙から
読み取れる。1955 年 12 月 23 日，バッハマンは故郷クラーゲンフルトからヨアヒ
ム・モラスに宛てて，イタリアでは手に入れることのできなかった「もう一つのロー

30　Vgl. Monika Albrecht und Dirk Göttsche: *Leben und Werk im Überblick – eine Chronik*. In: Monika Al-
　　brecht und Dirk Göttsche (Hrsg.): *Bachmann-Handbuch. Leben-Werk-Wirkung*. Stuttgart/Weimar (Metz-
　　ler) 2002, S. 2–21, hier S. 4–9.

31　Bachmanns Briefentwurf an Henze vom Ende Februar/Anfang März 1953. Ingeborg Bachmann und
　　Hans Werner Henze: *Briefe einer Freundschaft*. Hrsg. v. Hans Höller. Mit einem Vorwort v. Hans Werner
　　Henze. München/Zürich (Piper) 2004, S. 14.

32　Ingeborg Bachmann: *Ein Fenster zum Ätna*. In: Dies.: „*Todesarten*"-Projekt. *Kritische Ausgabe*. Unter
　　Leitung von Robert Pichl hrsg. v. Monika Albrecht und Dirk Göttsche. München/Zürich (Piper) 1995,
　　Bd. 1, S. 26–34 und S. 505–507.

マ」³³ をオーストリアで得たという手紙を書き送っている。ジィークリット・ヴァイゲルによれば「別のローマ」とはバッハマンがこのとき読みこんでいたラテン文学（ヴェルギリウス，ホラティウス，カトゥルス，プロペルティウス）から獲得した知識を指す。翌年にはイタリア文学（アリオスト，ダンテ，タッソー）の作品に取り組み，1956 年 9 月 8 日のヘルマン・ケステン宛の手紙で「ローマの路上で拾い集めたイタリア語が精選されたものに変わった」³⁴ と書いている。

　さらにバッハマンの創作には「もう一つのローマ」ならぬもう一つのイタリアともいうべきイメージが根底にあるだろう。もう一つのイタリアとは，文学作品の中で描かれてきたイタリアである。ここではドイツ文学の中のシチリアに絞って見ていこう。まずヴィンケルマンの『シチリアのジルジェンティの古代神殿の建築術についての注釈 *Anmerkungen über die Baukunst der alten Tempel zu Girgenti in Sizilien*』(1759) があり，シラーの『メッシーナの花嫁 *Die Braut von Messina*』(1803)，そしてゲーテの『イタリア紀行 *Italienische Reise*』(1816/17) が続く。『イタリア紀行』の「シチリアなしのイタリアは心の中に何の像も結ばない。ここにようやくすべてに通じる鍵がある」³⁵ という言葉はよく知られたものだ。またゲーテはタオルミーナの古代ギリシャの円形劇場を訪れその様子を書き留めているが，この劇場は時を経てクリムトによってブルク劇場の壁画に描かれるほどになった。ほかにもシチリアのイメージは多くの作家によって形作られてきた。ヘッベルの『シチリアの悲劇 *Trauerspiel in Sizilien*』(1847)，ニーチェの『メッシーナ牧歌 *Idyllen aus Messina*』(1882)，ホフマンスタールの『シチリアと私たち *Sizilien und wir*』(1925) は代表的な例であろう。アグリジェントに限定してみるとヴィンケルマンの著作の後，カシュニッツの詩『アグリジェント *Agrigento*』(1957) とエーリッヒ・アレントの詩『石の棺（アグリジェント）*Der Sarkophag (Agrigento)*』(1976) がある。先行研究においてはアンドレアス・ハープケマイヤー³⁶ やコチスキーがこの二篇の詩とバッハマンの詩を比較している。とりわけカシュニッツはバッハマンと交流があり，ほかの詩，たとえばカシュニッツの詩『ヒロシマ *Hiroshima*』(1957) とバッハマンの詩『自由通行権 *Freies Geleit*』(1957) を比

33　Bachmanns Brief an Joachim Moras vom 23. Dezember 1955. Zitiert nach: Sigrid Weigel: *Ingeborg Bachmann. Hinterlassenschaften unter Wahrung des Briefgeheimnisses.* Wien (Zsolnay) 1999, S. 155.
34　Bachmanns Brief an Hermann Kesten vom 8. September 1956. Zitiert nach Weigel (Anm. 33), S. 155.
35　Goethe (Anm. 24), S. 252.
36　Andreas Hapkemeyer: *... und das soll Dichtung sein. Untersuchungen zur ,neuen Sprache' in Lyrik und Kunst seit den 1950er Jahren.* Würzburg (Königshausen & Neumann) 2012, S. 43–54.

べてみてもわかるように二人は共通するテーマを異なる角度から取り上げている。両者の比較は今後の課題としたい。ちなみにトニ・ベルンハルトはシチリアを舞台にした文学作品を集めアンソロジーを編んでいるが[37]，その中にはドイツ文学の作家だけでなく英文学やフランス文学の作品も含まれている。本論文でそこまで考察を深めることはかなわないが，おそらくベルンハルトが示すような幅広い文脈がバッハマンの作品の中にも流れこんでいるのかもしれない。

7．作品解釈―擬人法と人間の不在

　バッハマンとイタリアの関係を考えるときは以上のように慎重に構えることが肝要だ。そのようにしてはじめて，イタリアで書かれた詩にバッハマン自身がどのような発言をしていたかを見ることができる。以下にその言葉を引用する。

　　　　私が最も想像しにくいことは，イタリアが私にあたえた最初の影響が何であったのかということです。なぜならそのころ私はまだ非常に多くの詩を書いており，それらはイタリアで成立し，この非常に厳しい南と対峙することと関係しているのですから。[38]

　もちろん詩人の発言を留保なく受け入れることはできないが，この「厳しいhart」という形容詞を連想させる要素が『アクラガス川のほとりに』にある。それはいくつかの語句と韻律の反復によって作り出される秩序である。まず韻律の反復から分析したい。各連はabbaaの韻を踏み，トローヘウス（強弱格）が各行で五回反復される。

　語句の反復はどのようになっているだろうか。まず一連，二連，三連は必ず五行からなり一行目と五行目が各連を囲む。一連の一行目と五行目を見ると，「清められた澄んだ水を両の手で掬い」と「その手で掬い取った清められた澄んだ水で」である。一行目は名詞句，五行目は前置詞句で役割は異なるが，両者の相違は一語目が定冠詞か前置詞かにすぎない。そして一連の五行目は三連の四行目で反復される。次に二連の一行目と五行目を見ると，「風がユーカリの林から」と「風はユーカリ

37　Toni Bernhart: *Sizilien*. Klagenfurt (Wieser) 2001.
38　Bachmann (Anm. 3), S. 19.

の林へ運ぶ」となっている。一連の一行目，五行目と同様に二つの詩行の差異は小さい。その差は四語目の前置詞が「～から」か「～へ」かである。なお一行目と五行目は理由は異なるが類似の語順になっている。最後に三連の一行目と五行目は，「そして光と無言の炎によって聖なる場所として浄められ」と「無言の炎から聖なる力を取り出すならば」である。一連，二連のときほど詩行に共通点が見出せるわけではないが，末尾の二語「無言の炎」は共通している。そして一行目の過去分詞「聖なる場所として浄められ geweiht」が五行目では名詞「聖なる力 Weihen」に変化している。語句の反復でほかに目を引くことといえば三行目の主語である。三つの連の三行目につねに主語として「川の流れ」が繰り返され，一連と二連の三行目は助動詞，冠詞，名詞，形容詞，動詞の順番まで一致する。

　語句と韻律の反復は韻文としての詩を実現させるために不可欠である。さらに均斉美を詩にあたえることもできる。そのため『アクラガス川のほとりに』は詩の伝統にかなう作品であるといえる。しかし一方で技巧を突きつめると作品は規則で締めつけられてしまう。厳格な法則が詩を支えるからこそ，窮屈で堅苦しくなることも否めない。そして先ほどのバッハマンの言葉につながる「厳しさ」を思い起こさせるのである。また，完全な情景描写に徹しようとしているところからも，感情の吐露を抑制しようとする厳しさが読み取れる。

　なお詩の形式については，すでにマリオン・シュマウスの解説がある[39]。シュマウスによればこの詩が収録された第二詩集では韻，詩行，連の結びつきの発展が見られるとし，中でも韻は詩集の第二部ではほとんど不完全な交差韻だが，第三部では完全な交差韻，二行連句，抱擁韻，そして複雑な押韻のパターン（ここに『アクラガス川のほとりに』は入る）へと韻の結びつきが拡張するという。しかしシュマウスの関心はあくまで第二詩集における『アクラガス川のほとりに』の位置である。ちなみにこの詩の先行研究を俯瞰すると『アクラガス川のほとりに』は，1960年代には，先ほどから言及しているベーアマン，1970年代にウルリヒ・ティエムの研究[40]がある。それから2010年代にハープケマイヤーと日名淳裕とコチスキーの研究がある。ベーアマンは擬人法の分析を行っているが本論文のような擬人法と人間の不在を結びつけた読解をしているわけではなく，まして擬人法によって人間の

39　Marion Schmaus: *Anrufung des Großen Bären und Gedichte aus dem Umfeld*. In: Monika Albrecht und Dirk Göttsche (Anm. 30), S. 67–78, hier S. 73.
40　Ulrich Thiem: *Die Bildsprache der Lyrik Ingeborg Bachmanns*. Diss. Köln 1972, S. 195, S. 96 und S. 169.

不在が強調されるとは主張していない。ティエムはこの詩に「調和」を見出し，形式の分析を行っているが「厳しさ」とは結びつけていない。さらにティエムは『アクラガス川のほとりに』とトラークルの詩二篇『ソーニャ Sonja』と『調和 Einklang』を比較している[41]。中でも『調和』の二行「清められた洪水の明るい鏡に Im hellen Spiegel der geklärten Fluten ／死んだ時間がよそよそしく蘇るのを私たちは見る Sehn wir die tote Zeit sich fremd beleben」[42] は語彙だけでなく，この詩のテーマをも先取りしているかに聞こえる。日名はトラークルの『ロンデル Rondel』を例にティエムの議論を再考し，二人の詩人の近さとは言葉の生み出すイメージではなくその「音楽性」にこそあるという[43]。またハープケマイヤーの仕事は，バッハマンの詩とカシュニッツの詩『アグリジェント』とエーリッヒ・アレントの詩『石の棺（アグリジェント）』を並べて比較しているところに特徴がある。コチスキーの研究もこれを踏襲し分析を行い，エンペドクレスとこの詩を関連づけたのは先に述べたとおりである。コチスキーの考察はエンペドクレスにとどまらず，ハイデッガーとこの詩をも結びつけようとする。具体的には『アクラガス川のほとりに』の「そして光と無言の炎によって聖なる場所として浄められ／海は古い神殿を開ける」からハイデッガーの『芸術作品の根源 Der Ursprung des Kunstwerkes』におけるギリシャ神殿を思い浮かべ，さらにこの詩に描かれる神殿は詩や言葉の隠喩ではないかと結論づける[44]。

　このように先行研究の展開をまとめると，作中の擬人法や人間と自然の関係についての分析が少ないように思われる。これまでポリスの歴史をみてきたが，『アクラガス川のほとりに』で人々が暮らすポリスとしてのアクラガスが描かれることはない。むしろ川，風，海などの雄大な自然が書き込まれているようにみえる。ところが人間の活動を暗示する表現はあり必ずしも自然が主題とされているわけではない。このことは第二詩集に一貫していえることである。ヘルマン・コルテは1950年代の文学の傾向を顧みて，いかに自然詩というジャンルが主流であったかを説明する。そしてザールフェルトやハーゲルシュタンゲの詩を例にあげて自然詩が第二次世界大戦の歴史から目を背けていたことを非難する。コルテは，「自然と神話を

41　Thiem (Anm. 40), S. 258.

42　Georg Trakl: *Einklang*. In: Ders.: *Dichtungen und Briefe. Historisch-kritische Ausgabe*. Hrsg. v. Walther Killy und Hans Szklenar. 2., ergänzte Aufl. Salzburg (Müller) 1987, Bd. 1, S. 244.

43　日名淳裕：繰り返しと言葉の音楽化　バッハマン「アクラガス河畔」にみるトラークルの影響［『詩・言語』第 80 号，2014，143 〜 163 頁］161 頁。

44　Koczisky (Anm. 11), S. 136–138.

34

融合」させて「和解」を「保証する」詩人を批判し，人間の営為の対極にあるものとして自然の「永続性」を訴えることは「文明を拒否」し「現実の美化」につながるという[45]。コルテの批判はこの詩にもあてはまるかにみえる。しかしバッハマンの詩は 1950 年代の抒情詩と交差しつつ抜け出ていく。というのも 1950 年代の抒情詩が人間ではなく自然を描くことに関心があったとすれば，バッハマンの詩は擬人法と人間の不在を組み合わせることで，なぜ人間が作品に現れないのかという問題を投げかけるからだ。またバッハマンは1964年11月5日のインタビューの中で，詩を通して自然を描写したいのかという質問に「違う」と否定している[46]。さらにバッハマンはトニ・キーンレヒナーに対し「私は自然とは関係ない Mit der Natur hab' ich wohl nichts」とも語っている[47]。

詩『アクラガス川のほとりに』には「古い神殿」という人間の痕跡がある。何より「川の流れ」「正午」「風」の擬人化は人間を意識させる修辞技法である。ここからは具体的な箇所をあげ擬人法を中心に作品を分析していく。まず一連では「正午」という時刻が「白い眉」の顔を持つ。ベーアマンはこれがヘリオスを連想させるという[48]。このように地名や情景描写を透かしてギリシャ神話の世界が，そしてかつて存在したであろう神々が，連想されることは疑いない。ここでピンダロスの祝勝歌『ピュティア第十二歌　アクラガスのミダスのために』を思い浮かべることもできるだろう。以下に引用する。

> あなたにお願いする，光輝を愛し，人間の町で
> > もっとも麗しい姿のお方よ，
> ペルセポネの座所にして，羊を養うアクラガスのほとり，
> すぐれた家々が立ち並ぶ丘上に住まう女王よ！[49]

45　Hermann Korte: *Deutschsprachige Lyrik seit 1945*. 2., völlig neu bearb. Aufl. Stuttgart/Weimar (Metzler) 2004, S. 33–34.

46　Interview mit N.N. am 5. November 1964. Ingeborg Bachmann: *Wir müssen wahre Sätze finden. Gespräche und Interviews*. Hrsg. v. Christine Koschel und Inge von Weidenbaum. München/Zürich (Piper) 1983, S. 45.

47　Andreas Hapkemeyer: *Ingeborg Bachmann. Entwicklungslinien in Werk und Leben*. Wien (Verlag der Österreichischen Akademie der Wissenschaften) 1990, S. 71.

48　Behrmann (Anm. 6), S. 35.

49　ピンダロス（内田次信訳）：祝勝歌集／断片選（京都大学出版会），2001，224 ～ 225頁。原文は以下を参照した。Pindar: *Pindari carmina cum fragmentis. Pars I. Epinicia*. Post Bruno Snell. Edidit Herwig Maehler. 8 Aufl. Leipzig (Teubner) 1987, S. 101–102. なおヘルダーリンのドイツ語訳も参考にした。Friedrich Hölderlin: *Pythische Ode*. In: Ders.: *Sämtliche Werke und Briefe in 3 Bänden*. Hrsg. v. Jochen Schmidt. Frankfurt am Main (Deutscher Klassiker) 1994 Bd. 2, S. 713–764, hier S. 763.

　興味深いことに注釈によると「あなた」は「アクラガス市を表す同名のニンフ」のことを指すらしい。そして「アクラガスのほとり」の「アクラガス」は川を指しているという。まさにこの「アクラガスのほとり」という表現こそバッハマンの詩のタイトルでもある。

　またハープケマイヤーの考察にあるが，バッハマンのラジオドラマ『蝉 *Die Zikaden*』からもわかるように「正午」は特別な意味を持つ。正午にすだく蝉によってラジオドラマの登場人物たちは「過酷でそれまで押しやられていた真実を認める」からだという [50]。ハープケマイヤーの議論はバッハマンの詩『早い正午 *Früher Mittag*』にもあてはまるだろう。

　擬人化の表現に戻ると，「川の流れ」が両手に水を掬い持っている。澄み切った水を鏡に自分の姿を見つめ，その水で砂丘を裏返す。これは内省の身ぶりである。また砂丘の中に埋もれあるいは隠されていたものが出現したとも考えられる。二連では「川の流れ」は「風」の立てる葉の音を「慈しむ」。二連の過去分詞「高くさすられる」は多義的である。なぜなら動詞「さする streichen」には「（弦楽器を）弾く」という意味があり，「風」は木々の葉を楽器のように奏でているとも読めるからだ。七行目の二つの過去分詞 hochgestrichen と hauchbeschrieben は名詞よりも後に置かれ気音 h や ch，摩擦音 s や sch が共通しているため詩の中でも目立つ単語である。ちなみにドイツ語の「葉 Blatt」には「楽譜」という意味もある。二連の叙述は「風」の「川の流れ」に対する求愛である。しかし甘美な求愛は二連三行目のピリオドを合図に一変する。連を分割するようにピリオドが打たれるのはここだけである。「火打石を打ちつけるかたい音色 Festen Anschlag von den Feuersteinen」という語句からは「火打石で火を起こす Feuer schlagen」や「einen weichen Anschlag haben 柔らかいタッチで弾く」といった慣用表現が想起させられる。

　三連では二連の「火打石」とつながる「炎」が擬人化され押し黙っている。これは八行目の「音色」と対比をなす。すでに述べたように形容詞「無言の」は『アクラガス川のほとりに』が改稿されるときに強調された単語である。この形容詞は何かが目の前で燃えているのではなく，幻影であることを暗示している。具体的には過去の幻である。三連で川が水源まで遡上する動きも時間が現在から過去に遡ることを思わせる。ドイツ語の「川の流れ」には時の絶え間ない流れという意味もある。

50　Hapkemeyer (Anm. 36), S. 48.

ちなみにベーアマンは十八世紀以来，川が「人間の運命の担ぎ手」として用いられてきたことを指摘する[51]。過去の記憶とは「古い神殿」からもわかるように古代ギリシャを連想させる。神殿が開放されるということは過去と現在が連なったと解釈することもできる。三連一行目の動詞「聖なる場所として浄める weihen」あるいは三連四行目の名詞「聖なる力 Weihe」はキリスト教ではなくギリシャの神々をも想定することができる。この二つの単語はカトリックの文脈では「聖別／叙階する」の意味を持つが，ギリシャの神々にもこの単語が用いられ「犠牲を捧げる」という意味もある[52]。ちなみに先ほどのピンダロスの祝勝歌でみたように，ポリスにはアクラガスという名の神が祀られ，ギリシャのほかの神々と同じく人間の姿をし，犠牲が捧げられていた[53]。人間の姿で表現されるギリシャの神々のイメージが三連で喚起されることで，一連，二連から続く擬人法の効果は高まる。

　このように各連の擬人法を見るとあることに気づかされる。それは擬人法が『アクラガス川のほとりに』においてただ自然を賛美するための修辞として機能するのではなく，痕跡はあるが人間は不在という事実と組み合わされるということである。そして詩の中で「私」が現れないことも，人間の不在を考えるときに重要な論点である。つまり人間の不在が自己の不在と重なっているのだ。「正午」「川の流れ」「風」が人間に取って代わったかのようにふるまっている。なぜ擬人法によって人間の不在がこの詩で浮き彫りにされるのかといえば，作品の舞台がアクラガスだからである。アクラガスの歴史はたとえ語られなくてもこの詩の背後に確実にある。侵略を受け戦火に曝されたポリスの残骸は，第二次世界大戦で激しい爆撃を受け廃墟となったシチリアの姿なのである。バッハマンの詩は悠久の時と歴史のロマンを語るほど単純なものではない。詩『アクラガス川のほとりに』はこの場所で何が起こり何が残ったのかを，人間を何も描かず，しかし擬人法によって人間の痕跡を絶えず読み手の意識のうちに呼び起こしながら問題にしていると考えられる。

8．むすび

　これまで多くの詩人が擬人法によって言葉による表現の可能性を引き出してき

51　Behrmann (Anm. 6), S. 35.
52　Jacob und Wilhelm Grimm: *Deutsches Wörterbuch*. Leipzig (Hirzel) 1955 [Nachdruck München (dtv) 1984] Bd. 28, Sp. 676.
53　de Waele (Anm. 7), S. 205–206.

た。バッハマンも同じくこの詩で擬人法を用いて作品のイメージを膨らませている。それに応じて研究の関心も，何がどのように擬人化されているかに向けられてきた。一方で，なぜ擬人法が用いられなければならなかったのかという問題には光が当たってこなかったようにみえる。ゆえに本論文は擬人法の描写に着目しつつ，同時に擬人法がほかの要素との関連の中でどのような意味を持つのかを考察した。擬人法は文学作品にとって主要な修辞技法であることに違いはない。しかし高度な技術としての擬人法の達成をこの詩に見出すだけでは作品を見誤ることになる。美的な効果をもたらす擬人法という考え方をこの詩は覆そうとしているからだ。擬人法によって人間を描かず，それでも人間を描こうとする矛盾がこの詩の主題であり，そしてアクラガスを通して戦争の傷跡という同時代の出来事がたとえかすかであっても垣間見えるのだ。

　本論文では異文化という言葉に触発されてバッハマンの詩を考察してきた。それゆえ最後にもう一度，この詩から連想される異文化について整理し振り返っていこう。論者は冒頭でこの詩は二通りのしかたで異文化とつながると書いた。まずポリスとしてのアクラガスの歴史から異文化の衝突が浮かびあがった。さらに筆者はこのポリスの歴史に名を刻むエンペドクレスに着目した。『アクラガス川のほとりに』からはアクラガスと深くかかわるこの人物の痕跡のみが読み取れる。つまりエンペドクレスの不在が問題となっているのだ。それに加えて川の流れや風のそよぎが擬人化されることで広く人間そのものの不在が強調される。異文化の交わるこの地にもはや人間がいないことが，この詩を戦後の祝祭的な自然詩から分け隔てているのである。繰り返すがバッハマンの詩は厳かに自然を謳いあげるような単純明快な作品ではない。

　次にこの詩と異文化を関連づけて読むとすればバッハマンのあの言葉「とても厳しい南との対峙」があげられるだろう。この発言の背後には，イタリアでの体験だけでなく，バッハマンが「もう一つのローマ」と呼ぶ読書経験やドイツ文学の中に連綿と続くイタリアのイメージが隠されていると考えられる。アクラガスという古名はもちろん，この詩はその形式から見ても古めかしく韻律の規則を厳守している。この堅固な形式は，異なる文化が持つ容易にはよそ者を受けつけない厳しさの表現とも解釈され，また厳格な形式によって南の異質なものから身を守ろうとしているようにもみえる。

　本論文で展開した分析の到達点は擬人法と人間の不在である。上でまとめたよう

に，この論点は同時に異文化というテーマと関わり合う。異文化は本論文の考察の出発点としてだけではなく，詩の解釈にも大切な役割を負っているのだ。

※本研究は 2021 年度（第 34 期）北里大学学術奨励研究資金の助成を受けたものである。

『荒地』における印象主義：色彩と光の反映を中心に

酒井 紀行

序

　本論の主な目的は，『荒地』(*The Waste Land*) の「チェスゲーム」("A Game of Chess")，及び「火の説法」("The Fire Sermon") のなかに，印象主義絵画の幾つかの技法，より具体的には，光の反映や色彩の扱い，そして最小限の色使いによるイメージの提示を見出すことにある [1]。

　『荒地』と印象主義絵画との接点に関する先行研究は，すでに認めることができる。ジュエル・スピアーズ・ブルッカー (Jewel Spears Brooker) とジョセフ・ベントレー (Joseph Bentley) は，「チェスゲーム」において描写されている光の反映や様々な色彩が，代名詞で表されている「彼女」("she") (77) を呑み込んでしまう描写に [2]，印象主義絵画，「ルミニズム」(luminism)，そして光を特に強調して描く絵画の流派との類似性を指摘している (104)。しかしこの場合，両者の類似性は軽く指摘されているのみで，具体的に論じられてはいない。本論では，先行研究に

1　エリオットと印象主義絵画との邂逅は，ハーバードの学部時代にまで遡る。Hargrove によれば，エリオットは在学中に，エドゥアール・マネ (Édouard Manet, 1832-83) やモネなどの印象主義の画家たちの作品に触れた (90)。またエリオットは，上述の二人の画家のみならず，もう一人の印象主義の画家であるエドガー・ドガ (Edgar Degas, 1834-1917) に強い関心を示している。このことは，エリオットに強い影響を与えたアーサー・シモンズ (Arthur Symons, 1865-1945) の著作『象徴主義の文学運動』(*The Symbolist Movement in Literature*) の「ジュール・ラフォルグ」論 ("Jules Laforgue") の章で，シモンズがドガについて言及した箇所に，エリオットがアンダーラインを引いていることから察することが可能である (Soldo 138)。
　上に触れた伝記上の事実に加え，過去の批評においてエリオットと印象主義絵画との関係についての先行研究を概観すれば次のようになる。Conrad Aiken は，印象主義絵画における即興的技法が，「前奏曲集」("Preludes") において見出せることを指摘し (*The Contemporary Reviews* 14, 初出は *Dial* 64 (1918), 112)，Babette Deutsch は，印象主義における画家の観察技法と主題の扱いが，「アルフレッドプル-フロックの恋歌」("The Love Song of J. Alfred Prufrock") に認めることができると述べている (*The Contemporary Reviews* 14, 初出は *New Republic* 14 (1918), 89)。また Robert Nichols は，英国印象主義の画家ウォルター・シッカート (Walter Sickert, 1860-1942) の題材の扱いが，エリオットの初期の詩にも見て取れることを示唆している (*The Contemporary Reviews 30*, 初出は *Observer* 18 (1920), 7)。しかし，ここに挙げた評論は，いずれも両者の関係を軽く指摘するに留まっており，敷衍を施されてはいない。
　エリオットの作品と印象主義絵画との関係を，実質を持って論じたのは，Francis Dickey である。彼女は "Parrot's Eye: A Portrait by Manet and Two by T.S. Eliot" において，エリオットの習作期における二つの作品,「肖像について」("On Portrait") と「ある婦人の肖像」("Portrait of a Lady") を，マネの作品《女とオウム》(*Woman with Parrot*, 1866) と関連付けて論じ，当時胚胎期の状態にあったエリオットの作品のスタイルに，マネが与えた影響を彼女は精査している。また熊谷治子は，エリオットの作品「ある婦人の肖像」に掲げられたエピグラフの解釈を行う際に，マネの作品《女とオウム》と《エミール・ゾラの肖像》(*Portrait of Emile Zola*, 1868) に言及している (114-26; 131-39)。またエリオットとマネについては，他に酒井 23-27 を参照。
2　本文中で用いる詩の引用はすべて，*The Poems of T. S. Eliot, Volume 1: Collected and Uncollected Poems* に依り，以下行数のみを示す。また，引用文の和訳については，福田・森山を適宜参照した。

おいて触れられることのなかった，印象主義絵画の光の反映や色彩の扱いについての背景知識を補強しながら論を進め，最終的にはこのように描かれた女性が，作品の文脈上どのような機能を有しているのか，そしてどのような存在として提示されているのかを確認する。

次に，最小限の色使いにより，イメージ全体を表出する印象主義絵画の技法が「火の説法」にも見て取ることができ，そしてこの技法は作品の文脈においては，どのような機能を担っているのかを確認していく。

後述するが，これらの印象主義絵画の技法は，19 世紀中葉から 20 世紀初頭の，英米文学の作品に頻繁に見受けられるものであるが，上述の作業を通じて，エリオットの作品の幾つかにも，同様のことを見て取れることを明らかにしていきたい。

1.「チェスゲーム」における印象主義的色彩の横溢と光の反映

印象主義絵画以前の絵画の伝統，すなわち固定された一つの位置に立ち，描く対象から距離を取りつつ，大きく見えるものは手前に，そして小さく見えるものは後に描くことで，三次元の世界を二次元のカンヴァスへと再現表象した，遠近法の伝統に基づき作品を描いた画家たちの製作空間は，主にアトリエという屋内の空間であった[3]。しかし，印象主義の画家たちは，伝統的な技法に法った画家たちのように，その製作空間を屋内だけに限定することなく，「戸外」（"en plein air"）に求めた。このような戸外での製作は，印象主義絵画の本質を成すレトリックの一つであり，絵画においてもたらされた革新の一つである。

印象主義の画家たちが戸外で描き求めたモチーフは，大別すれば，1）19 世紀中葉のフランスにおける都市空間，2）都市郊外の自然の風景，そして 3）その都市空間や，自然を背景にした人物たちである[4]。

これらのモチーフ群の，とりわけ何が印象主義の画家たちを惹きつけたのであろうか。モーリス・セリュラス（Maurice Serullaz）は，印象主義の画家たちをとりわけ魅了してやまないのは，都市の構造物，自然の景観，そして人物たちに投げかけられた陽光や光の振動，光の反映，そして物質に反映した光が織り成す色彩であると述べている（7）。つまり，静止性とは対極に位置する，刻々と変転，変化す

3　遠近法については，小山 97-144 を参照。
4　印象主義の画家たちのモチーフの扱いについては，Hannoosh 181 を，そして人物の扱いについては，Herbert 60-140, 147-62 をそれぞれ参照。

るつかの間のはかない光の反映や色彩を捉え，とりあえずカンヴァスに定着させることに彼らは魅了されたのである。

　印象主義の画家たちの戸外制作を推し進めたものに，簡便に持ち運ぶことができるチューブ式の絵の具が挙げられる。それまでは，絵の具は豚の膀胱に入れて保存していた。その膀胱の先に象牙の鋲を刺して，絵の具をパレットの上に絞り出し，使い終わった後は紐で縛っていたが，手軽に持ち運べるものではなかった。しかし，アメリカの画家兼発明家ジョン・ゴッフェ・ランド（John Goffe Rand, 1801-1873）が 1841 年から 1843 年にかけて，ロンドンで錫製のチューブ式絵の具を発明し，完成させた[5]。このチューブは，未使用の絵の具を乾燥させることなく保存することができ，後でも使えるものであった。そのために，印象主義の画家たちが外へと持ち歩くには非常に便利であった。

　先に示唆した印象主義の画家たちが好んで取り上げた光の反映や色彩の扱いは，『荒地』の「チェスゲーム」の冒頭において，語り手が「彼女」を描写している箇所である，77 行目から 96 目にかけての詩行において確認することができる。

　「チェスゲーム」に描写されている「彼女」は，作品の後註に従えば，『アントニーとクレオパトラ』（*Antony and Cleopatra*）のクレオパトラを下敷きにした女性である。しかし，この女性は「チェスゲーム」に登場する他の女性たち，例えば，神経を病んだ女性や，下層社会の女性である「リル」（"Lil"）のように，詳しく描かれてはいないために，その存在性は極めて曖昧なものとなっている。そのためにこの女性は，これまでに様々な解釈を誘引することとなった。例えば，本論の主題となっている絵画という観点から先行研究を概観すれば，先述したブルッカーとベントレーは，この代名詞で表された女性に，ロココ期のフランスの画家，ジャン・オノレ・フラゴナール（Jean Honoré Fragonard 1732-1806）的な女性のイメージを読み取り (101)，また フランセス・ディッキー（Frances Dickey）のように，ダンテ・ゲブリエル・ロセッティ（Dante Gabriel Rossetti）の作品，『レディ・リリス』（*Lady Lilith*,1866-73）との影響関係を示唆するものもいる（*The Modern Portrait Poem* 107）。ここでは，「彼女」が誰であるのかを新たに明確にするのではなく，この女性の存在がなぜ曖昧であるのか，その曖昧性は，印象主義絵画の光や色彩の扱いに起因していることを明らかにする。

　語り手は，代名詞「彼女」で表された女性の像を描くことを試みる。「彼女」の

5　ランドについての情報は，Callen 24 を参照。

直後には，色彩や光の反映など，視覚に基づいた描写が続く。そして視覚に依拠した描写の後には更に，香水の香りが部屋中に充満した様子，つまり嗅覚に依拠した描写が続く。

　語り手はこの女性の像を描こうとしながらも，視覚や嗅覚など，五感に根ざした感覚がその詩行を支配している様が窺える。とりわけ視覚に基づいた描写は，光の反映や色彩がその殆どを占めており，光の反映は表現を変えて，様々なニュアンスを含んだ反映の有り様が描出されている。例えば，「大理石の上に燃え輝いて」("Glowed on the marble")（78）は，絶えず安定してその輝きを発する様子を描き，「七本枝の大燭台に燃えさかる炎が姿見に弾かれ，数を倍にして卓上に揺らぐと，宝石の光が棕櫚の小箱から沸きあふれ，立ち昇って炎の輝きに和した」("Doubled the flames of sevenbranched candelabra / Reflecting light upon the table as / The glitter of her jewels rose to meet it")（82-4）という詩行では，物質に反映した光や，揺らぎつつ柔らかい光を発する様子を描きながら，語り手は，反映する光の微妙さを描写している。

　このような光の反映に満ちあふれた空間は，「色とりどりのガラス瓶」("coloured glass")（86）や「銅皿で養われた海底の森は色とりどりの石に囲まれて緑に橙に燃え」("Huge sea-wood fed with copper / Burned green and orange, framed by the coloured stone")（94-95）と，様々な色彩の横溢した空間でもある。

　これらの光の反映や，色彩はどのような機能を担っているのであろうか。その機能を説明するには，先ずこれらの詩行を支える構造に目を向ける必要がある。このことを説明するために，ウイリアム・エンプソン（William Empson）が『曖昧の七つの型』(Seven Types of Ambiguity) のなかで述べた言葉を参照する。エンプソンは「チェスゲーム」には，分詞とも主動詞ともとれる構文の曖昧さが見受けられるために，この詩は英語の過去分詞についての詩であると述べている（77-8）。つまり上述した詩行は，主語／述語が整った首尾一貫した文の形式を構築することができない空間，つまり文法が棚上げされた詩空間である。

　文法の棚上げは，印象主義絵画の文脈においても極めて重要である。なぜならば，印象主義の画家たちも，伝統的な絵画の文法，例えば絵画の主題を神話や聖書から採り，明確なテーマを伝達すること，三次元の現実世界を，科学的知見に基づいて二次元のカンヴァスへと再現表象する遠近法や，知性に基づいた明確な線描，そして色彩の扱い方などを棚上げにしたからである。それでは通常の文法の形式から逸

脱した構造を有する「チェスゲーム」では，光の反映や色彩はどのような効果を有しているのであろうか。再びエンプソンの言葉を援用する。

> what is *poured* may be *cases*, *jewels*, *glitter*, or *light*, and *profusion*, enriching its modern meaning with its derivation, is shared, with a dazzled luxury, between them; so that while some of the *jewels* are *pouring out* *light* from their *cases*, others are *poured* about, as are their *cases*, on the dressing-table. (77)

文法による統御を解かれた詩の空間において，光の反映や色彩も同様に文法の統御を受けることはない。そのために，一つの光の反映は，また別の光と結びつき，更に他の色彩と混ざり合うことで，あたかもこれらの光の反映や色彩が横溢するような効果を惹起している。語り手は一人の女性の像を描こうとしながらも，そこに描出された光の反映や色彩が，その女性の像の輪郭を凌駕し，前景化している。言いかえれば，ここに描出された光の反映や色彩は，女性の明確なイメージにその焦点を結ぶことなく，逆にその像をぼやかしてしまう働きを担っている。

　上述したのは，光の反映や色彩がイメージの輪郭をぼやかしてしまうことであるが，同様の例は印象主義絵画の画家，クロード・モネ（Claude Monet, 1840-1926）の作品《柳の下に座る女性》（*Woman Seated under the Willows*, 1880）においても見出すことができる。この作品は，後景に川と家並み，中景には川岸に沿って生えている柳の木，そして中景から前景にかけて，川岸に沿って自生し繁茂する草々と，その草の上に座る一人の女性が描かれている。とりわけ中景から前景にかけて描かれた繁茂している草々は，幾重にも色彩が重ね合わされ，陽光が反映している様子が再現されている。このように描かれた草の上に座る女性は，作品の題名に婦人という名が冠せられていながらも，あたかも作品の背景，つまり光の反映した草々に溶け込むかのように，その婦人の形態は不明瞭である。

　「チェスゲーム」における「彼女」，そしてモネの作品に描かれた女性に見出せることは，両者とも色彩や光の反映が対象を明確化することに寄与しているのではなく，逆に凌駕しているということである。しかし，このことは，印象主義絵画のレトリックを特徴づけるものの一つである。レオニード・グリゴーリエヴィチ・アンドレーエフ（Leonid Grigr'evich Andreev）は次のように述べている。

　　　印象主義にとって重要なのは題材ではなく，色調だからである。心
　　　理やデッサンや構図は必ずしも必要ではない。大切なのは輪郭，線，
　　　量感が「融け合ってゆくような」傾向であり，印象主義の絵画が，
　　　光の振動へと変化し，最後には対象を完全に飲み込んでしまうこと
　　　なのである（81）。

「チェスゲーム」における「彼女」，そしてモネの描いた女性は，まさに光に飲み込
まれてしまったために，その存在性が極めて曖昧となった人物像である。

　印象主義絵画の画家たちが光の反映や色彩を追い求めるとき，彼らが選んで描い
たモチーフは陽光の注ぐ自然，言いかえれば外の空間である。したがって，彼らは
外光派とも呼ばれる。一方，「チェスゲーム」において語り手が選び描いたモチー
フは，室内という屋内の空間である。確かに両者が選んだモチーフは，描かれた場
所という点において戸外／屋内と大きな隔たりがある。しかし，光の反映や色彩が，
描いたイメージを凌駕することで，そのイメージの輪郭が曖昧となり明確なイメー
ジの焦点を結んではいないという点においては，両者の類似性は明らかである。

　それではこのように描かれた「チェスゲーム」の「彼女」はどのような存在とし
て捉えることができるのであろうか。「彼女」は，代名詞によってその存在が示唆
されていたが，実質的に彼女はどのような女性であるのかは，明示されてはいな
い。いわば存在するのであるがその存在が明確ではない，あるいは存在しないわけ
ではないがそれが誰であるのか定かではないという様相をこの女性の像は提示して
いる。今まで述べてきたことを踏まえれば，この女性は存在と非存在の中間に宙吊
りにされた女性と捉えることが可能である[6]。

2.「火の説法」における印象主義的色彩のメトニミー

　前節において触れた両者の類似例は，光の反映，及び様々な色彩がイメージの輪
郭を凌駕するものであった。しかし，印象主義絵画においては，光の反映や多くの
色彩の扱いだけが，そのレトリックの本質を占めるわけではない。最小限の色彩を

6　当時の文学作品において，印象主義絵画における光と色彩の扱いがいかに反映されているか，そして光と色
　彩が作中の人物を曖昧かつ亡霊のような存在にしているかについては Kronegger 43-44 を参照。

用いて，そして時には描く対象をできる限り省略して，イメージの全体像を浮かび
上がらす描き方もまた，印象主義主義絵画の技法の一つである。このことについて
の具体的な例は，カミーユ・ピサロ（Camille Pissarro,1830-1903）の作品《イタ
リア通り，朝，日射》（*Boulevard des Italiens, Morning, Sunlight*, 1897）におい
て見て取ることができる。この作品は，日射を浴びたパリの大通りの一コマが描か
れている。この作品において，街路を行き交う人たちは，細部を詳細に描かれるこ
とはなく，大まかな純色を使って軽いタッチで描かれている。このように描かれた
作品は，観者の目にはどのように映るのであろうか。このことを説明するのに，エ
ルンスト・ハンス・ヨーゼフ・ゴンブリッジ（Ernst Hans Josef Gombrich, 1909-
2001）が『美術の物語』（*The Story of Art* ）において，同作品について述べた箇所
を参照する。ゴンブリッジは，ピサロのこの作品に描かれた人物たちには，足や目，
そして鼻など，細部を描かれることなく，身体の一部が最小限の色彩で描かれてお
り，そしてそのように描かれたイメージは，観者の目には絵の具の塊りか，染みと
して映ったと述べている。しかし，この描き方は，通常ならば人間はこのように見
えるはずだという知識や先入観に基づく，人間の対象の見方を棚上げしたことを示
唆している作品であると，ゴンブリッジは指摘している（401）。更に彼は，絵の
具の塊，或いは染みと称されるイメージは，観者が作品から 2，3 メートル離れる
ことで突然焦点を結び，その全体像が明確に見えることを明らかにしている（401）。
　上に触れた最小限の色彩で，イメージの全体を表す技法は「火の説法」に見出す
ことができる。

> O City city, I can sometimes hear
> Beside a public bar in Lower Thames Street,
> The pleasant whining of a mandoline
> And a clatter and a chatter from within
> Where fishmen lounge at noon: where the walls
> Of Magnus Martyr hold
> Inexplicable splendour of Ionian white and gold
>
> 　　　　　　　　　　　　　　　　　　　（259-64）

「マグナス・マーター教会」（"Magnus Martyr"）は 17 世紀にクリストファー・ウォー

レン（Sir Christopher Wren, 1632 − 1723）により建立された教会で，作品の原注に説明されているように，その内装の見事さは ウォーレンの傑作の一つに数えあげられる。語り手はこの教会を「イオニア様式の白と金の言葉に尽くせぬ荘厳さ」（"Inexplicable splendour of Ionian white and gold"）と表現している。ここで扱われている色彩は，「白」（"white"）と「金」（"gold"）であるが，これらの色彩により教会全体が表されている。

　同様の例は直後に続くテムズ川の描写においても確認することができる。

> The river sweats
> Oil and tar
> The barges drift
> With the turning tide
> Red sails
> Wide
> To leeward, swing on the heavy spar.
> 　　　　　　　　　　(266-72)

油とタールで汚濁したテムズ河を，赤い帆に風を孕ませて進む荷船が描写されている。ここで荷船は，「赤い帆」（"Red sails"）という色彩を表す語によって表現されている。上に示唆したように，ここでも単純な色使いにより，船の全体像が提示されている。

　赤い帆を持つ荷船の描写は，ジョセフ・コンラッド（Joseph Conrad, 1857-1924）の作品『闇の奥』（ *Heart of Darkness* ）の次の描写を先行テキストとしている[7]。

> In the offing the sea and the sky were welded together without a joint, and in the luminous space the tanned sails of the barges drifting up with the tide seemed to stand still in red clusters of canvas sharply peaked, with gleams of varnished spirits. A haze rested on the low shores that ran out to sea in vanishing flatness.

7　 *The Poems of T. S. Eliot, Volume 1* の 673 を参照。

(103)

沖合いでは，空が海上に合わせ鏡のように映ることで両者の境目は融解し，そして
その海の上を，荷船の赤い帆が櫛比しており，岸辺の低地には靄が漂っている。こ
れらの描写には，モネをはじめとする印象主義の画家たちが好んで描いたモチーフ
及び，その効果を確認することができるが，これは偶然のことではない。なぜなら
ば，コンラッドは印象主義絵画に大きな影響を受けているからである[8]。このことを
考慮すれば，先にふれた「火の説法」における赤い荷船の描写に，印象主義絵画の
技法を認めることができるのも，不自然なことではない。

　印象主義絵画における，時に染みや絵の具の塊として捉えられる，最小限の色を
用いてイメージの全体像を浮かび上がらす描き方を，「火の説法」のなかで確認し
てきた。「火の説法」におけるこのような色彩の扱いは，色彩が対象の全体を提起
する一部分として機能していた。このことを念頭に置けば，「火の説法」における
色彩はメトニミーとしての機能を有していると捉えることが可能である。

3.　結論

　『荒地』の「チェスゲーム」及び「火の説法」のなかに，印象主義絵画の幾つかの技法，
すなわち光の反映や色彩の扱い，そして最小限の色使いによるイメージの提示を見
出す作業を行ってきた。この作業を通じて明らかになったことは，「チェスゲーム」
における「彼女」の描写において，印象主義絵画における多様な光の反映と色彩の
扱いを確認することができ，そしてそのように描かれることで，女性が特定のイメー
ジを結ぶことはなく，逆にその存在が曖昧かつ希薄なそれとして提示されたことで
ある。

　次に，時として絵の具の塊や染みと称される最小限の色使いにより，イメージ全
体を表出する印象主義絵画の技法が「火の説法」にも見て取ることができ，そして
この技法は作品の文脈においては，メトニミー的な機能を担っていることを確認す
ることができた。

　両者が提示したのはその存在性が極めて不確かな人物像，そして従来の人間の目
に映ずると思われる人物や構造物を，それとは異なる方法で提示したことである。

8　印象主義絵画とコンラッドの関係については，Hay 137-44, 及び Kronegger 30-32 をそれぞれ参照。

このことは本論でも触れたように，印象主義絵画が，知性に目方をかけた従来の絵画文法，そして知識に基づいた先入観によって対象を見ることを棚上げしたこと，すなわち知性や知識による概念化を脱化したことに由来している。そしてそのような技法に基づいた描き方を，「チェスゲーム」や「火の説法」において確認することができた。

　マリア・エリザベス・クロネガー（Maria Elizabeth Kronegger）は，『印象主義文学』（*Literary Impressionism*）において，これまで述べてきた印象主義絵画の技法が，19世紀後半から20世紀初頭の英米文学の作品に表れていると述べており，その代表的な作家として，ヘンリー・ジェイムズ（Henry James, 1843-1916）やジェイムズ・ジョイス（James Joyce, 1882-1941），そしてキャサリン・マンスフィールド（Katherine Mansfield, 1888-1923）やエズラ・パウンド（Ezra Pound, 1885-1972）の名を挙げている（42-4）。ここでクロネガーは，エリオットの名を挙げてはいないが，今までの議論を踏まえれば，エリオットの作品の幾つかにも，同様のことを見て取ることが可能であった。

参考文献

Brooker, Jewel Spears and Joseph Bentley. Reading the Waste Land: Modernism and the Limits of Interpretation. U of Massachusetts P, 1992.

Brooker, Jewel Spears, editor. T. S Eliot: The Contemporary Reviews. Cambridge UP, 2004.

Callen, Anthea. Techniques of the Impressionists. Tiger Books International plc. London, 1993.

Conrad, Joseph. Heart of Darkness and Other Tales. Edited with an Introduction and Notes by Cedric Watts, Oxford UP, 2002.

Dickey, Frances. The Modern Portrait Poem: from Dante Gabriel Rossetti to Ezra Pound. U of Virginia P, 2012.

------. "Parrot's Eye: A Portrait by Manet and Two by T. S. Eliot." Twentieth Century Literature, Vol. 52, no.2, 2006, pp.114-44.

Eliot. T. S. The Poems of T. S. Eliot, Volume 1; Collected and Uncollected Poems. Edited by Christopher Ricks and Jim McCue, Johns Hopkins UP, 2015.

Knapp Hay, Eloise. "Joseph Conrad and Impressionism." The Journal of Aesthetics and Art Criticism, vol. 34, no.2, 1975, pp.137-44.

Empson, William. Seven Types of Ambiguity. New Directions, 1966.

Gombrich, E. H. The Story of Art. Phaidon, 2006.（天野衛ほか訳『美術の物語』東京：ファイドン，2011。）

Fried, Michael. What Was Literary Impressionism? The Belknap Press of Harvard UP, 2018.

Hannoosh, Michele. "Painters of Modern Life: Baudelaire and the Impressionists." Visions of the Modern City: Essay in History, Art, and Literature, edited by William Sharpe and Leonard Wallock, The Johns Hopkins UP, 1987, pp.168-88.

Hargrove, Nancy D. "T.S. Eliot's Year Abroad, 1910-1911: The Visual Arts." South Atlantic Review, Vol.71, no.1, 2006, pp.89-131.

Herbert, Robert L. Impressionism: Art, Leisure, and Parisian Society. Yale UP, 1988.

Kronegger, Maria Elizabeth. Literary Impressionism. College & UP, 1973.

Rachman, Carla. Monet. Phaidon Press, 1997.（高階絵里加訳『モネ』岩波書店，2003。）

Soldo, John J. "T.S. Eliot and Jules LaForgue." American Literature, Vol. 55, no.2, 1983, pp.137-51.

Serullaz, Maurice. The Impressionist Painters. Trans. W. J. Strachan. Universe Books, 1960.（平岡昇・丸山尚一訳『印象派』白水社，1997。）

Watt, Ian P. Conrad in the Nineteenth Century. U of California P, 1979.

小山清男「遠近法の成立」中村雄二郎他著『遠近法の精神史』平凡社，1992 年，pp.97-144。

熊谷治子『音楽と絵画で読む T. S. エリオット―『プルフロックその他の観察』から『荒地』へ』彩流社，2018 年。

酒井紀行「つかの間の詩人／印象主義の画家・遊歩者プルーフロック：視覚から触覚へ」『英文学研究　支部統合号』Vol. XV. 2023 年 1 月，pp.23-33。

福田陸太郎・森山泰夫共著『『荒地』注解』大修館，1993 年。

レオニード・アンドレーエフ『印象主義運動』貝澤哉訳，水声社，1994 年。

革命・自然科学・処世術：

父から兄妹へ引き継がれたもの・引き継がれなかったもの

—ビューヒナー兄妹の社会変革運動—[1]

竹内 拓史

1. はじめに

ドイツ文学の分野で「ビューヒナー」と言った場合，大抵は「ゲオルク・ビューヒナー」を指すと考えていいだろう。例えば，戦後の「ドイツ語圏文学の最も重要な賞」[2] である「ゲオルク・ビューヒナー賞（Georg-Büchner-Preis）」は，ドイツ語でも日本語でも単に「ビューヒナー賞（Büchner-Preis）」と言われることも多い。とは言え，ビューヒナー賞がゲーテ賞に代わってドイツ語圏の最も権威ある文学賞になったのは戦後のことであるし[3]，ビューヒナーの作品が評価されたのは，彼の死後50年以上経ってから自然主義文学者たちによってだった。生前名前を広く知られていたのは，長男のゲオルクよりもむしろビューヒナーの弟たちの方で，次男ヴィルヘルムは漂白剤の原料となるウルトラマリンの合成に成功した実業家や政治家として，三男のルートヴィヒは生理学的唯物論を主張する『力と質量』を著した研究者として，四男のアレクサンダーは文学を専門とする大学教授として生前から既に知られていた。

しかし本稿では，ゲオルク・ビューヒナーでもその弟たちでもなく，彼らの妹姉のひとりルイーゼ・ビューヒナーに注目したい。というのも，ゲオルクをはじめとした，実業家や大学教授，小説家，政治家，もしくは革命家などとして活躍をした他の兄弟たちと比しても，彼女の革新性や創造性は決して遜色ないものであり，例えば彼女の文学作品はドイツで今でも出版され続けている[4]。だがルイーゼの最も重

1 本論文は「東北ドイツ文学研究」64号（東北ドイツ文学会（日本独文学会東北支部），2024年）に所収の拙稿「社会変革・科学的視座・処世術：父から兄妹へ引き継がれたものと引き継がれなかったもの ——ルイーゼ・ビューヒナーの女権運動とその父エルンスト・ビューヒナーからの影響について——」を一部修正・改題したものです。また本研究はJSPS科研費 JP15K02419の助成を受けたものです。

2 Ulmer, Judith S. : Geschichte des Georg-Büchner-Preis. Soziologie eines Rituals. Berlin, New York 2006, S.1.

3 Vgl. Büchner-Preis-Reden 1951-1971. Hrsg. von der Deutschen Akademie für Sprache und Dichtung, Stuttgart, Philipp Reclam jun. 1972, S. 5 ff.

4 特に „Weihnachtmärchen für Kinder" に収められた話は様々なクリスマスにまつわるアンソロジーに収録

要な「活動」は，ドイツの初期女権運動を牽引したことにあると言っていいだろう。2000 年にダルムシュタットにルイーゼ・ビューヒナー協会が設立されたことからも分かるように，彼女のその「活動」は近年ようやく再評価が進んでいるところである。だが彼女の運動は当時既に一定の評価を得ており，兄ゲオルクの革命運動があえなく失敗したのとは対照的に，息の長い活動になった。本稿ではその彼女の女権運動の内容を，父エルンストや兄ゲオルクの思想や革命運動と比較しながら検討し，その特徴を明らかにする。

2. エルンスト・ビューヒナーの思想とその息子ゲオルクへの影響

23 歳の若さで亡命地チューリヒで亡くなったルイーゼの兄ゲオルクは，現在よく知られている作家としての顔の他にも解剖学者としての顔と革命家としての顔を持っていた。また長男ゲオルク以外にも，三男ルートヴィヒと四男アレクサンダーは1848年の革命運動に共に参加し[5]，アレクサンダーはさらにその後1849年のバーデン地方の暴動で農民の扇動を計画したとして逮捕されている[6]。ルートヴィヒはその後チュービンゲン大学医学部で講師として働いていたが，1855 年に自然科学的見解に基づく唯物論的生命モデルを主張する「力と物質」を出版し，そこで「偏見のない研究」を主張し，当時まだ一般的だった神学的・哲学的教義に疑問を呈したため，教員免許を剥奪された[7]。次男ヴィルヘルムは表だった革命運動はしていないものの自由主義者としてビスマルクの政治に批判的で，1878 年の社会主義者鎮圧法制定の際にも反対の立場を取っていた[8]。

本格的な革命運動を起こし指名手配され，逮捕された同志が堪えきれず自殺するほどの拷問を受けた長男ゲオルクは極端としても[9]，兄弟姉妹に革新的な政治思想を

されている。また 2013 年のゲオルク・ビューヒナー生誕 200 周年にあわせて，彼女の著作が Create Space Independent Publishing Platform 社から復刻された。同年 Cordelia Scharpf による「初めてのドイツ語で書かれたルイーゼ・ビューヒナーの伝記」も出版された（Vgl. Scharpf, Cordelia: Luise Büchner, eine evolutionäre Frauenrechtlerin des 19. Jahrhunderts. Oxford, Bern, Berlin, Bruxelles, Frankfurt am Main, New York, Wien, 2013 (=LBF), S. 10）。

5　Boehncke, Heiner und Sarkowicz, Hans. Nachwort. In: Büchner, Ernst: Versuchter Selbstmord durch Verschlucken von Stecknadeln. Hrsg. von Boehncke, Heiner und Sarkowicz, Hans, Berlin 2013, S. 123.

6　Otto Adolf Ellissen: Alexander Büchner. Ein Nekrolog. Einbeck 1904, S. 4.

7　Anton Büchner: Die Familie Büchner. Die Vorfahren Georg Büchners. Darmstadt 1963, S. 66-68

8　Brunner, Peter und Lautner, Gerd: Blickpunkt Hessen. Leben und Wirken Georg Büchners und seiner Familie in Hessen. Wiesbaden 2021, S. 14. 及びドイツ語版ウィキペディアの「Wilhelm Büchner (Apotheker)」の項（https://de.wikipedia.org/wiki/Wilhelm_B%C3%BCchner_(Apotheker)）（最終閲覧日 2023 年 8 月 31 日）を参照。

9　農民に革命を呼びかける政治的パンフレット『ヘッセンの急使』をビューヒナーと共同執筆したルートヴィヒ・ヴァイディヒは，逮捕後の拷問に耐えきれず獄中で気が狂い自殺した（Vgl. Mayer, Hans: Georg Büch-

持つ人物がこれほど多いのは，父エルンストの影響が理由であろう。ここではまずエルンストの思想とそのゲオルクへの影響を検討し [10]，ゲオルクの革命運動と自然科学的思想の特徴を明らかにしたい [11]。

　次男ヴィルヘルムによると，「完全に自由思想家」[12] だった父エルンストの影響で，ゲオルクたち兄弟姉妹が子どもの頃から，ビューヒナー家には「自由な家庭の気風」[13] があったという。政治に関しても家族で自由に意見交換がされていたとすれば，ルイーゼもそれを聞いていたことは想像に難くない [14]。父のエルンストは政府の方針の一部に批判的だったとも言われており [15]，ゲオルクも両親に宛てた手紙で率直に政治的問題について書いている [16]。とはいえヘッセン大公国で上級医学参事官局の臨時局長の地位にまで出世したエルンストは，大公国に忠誠を誓いドイツの大義を支持していたというから [17]，もちろんゲオルクもすべてをあけすけに自分の政治信条を父親に話していたわけではなく，自身の政治的関心を隠しているとも解釈できる手紙を書いている [18]。父のエルンストがヘッセン大公国に仕える身だったことがその最たる理由であろう。

　しかしそれにもかかわらず，父エルンストが政治的に自由な気風であったのは，

---

ner und seine Zeit. Frankfurt am Main 1972, S244 f.）。ヴァイディヒの死について，ハウシルトは自殺であるかについては疑いがあるとし（Vgl. Hauschild, Jan-Christoph: Georg Büchner. Biographie. Stuttgart, Weimar 1993, S. 610.），原因不明としている（Ebd. S. 626.）。

10　以下本論のエルンストの経歴については，主に以下を参照した。Mayer, Thomas Michael: Georg Büchner. Eine kurze Chronik zu Leben und Werk. In: Georg Büchner I/II. Hrsg. von Heinz Ludwig Arnold, München 1979 (= Chronik)，Hauschild, Jan-Christoph: Georg Büchner. Biographie. 及び Boehncke, Heiner und Sarkowicz, Hans. Nachwort. In: Büchner, Ernst: Versuchter Selbstmord durch Verschlucken von Stecknadeln.

11　このことについては，一部拙稿「父から受け継いだもの受け継がなかったもの——エルンスト・ビューヒナーの鑑定書及びそのゲオルク・ビューヒナーへの影響の考察——」（『東北ドイツ文学研究』61 号（東北ドイツ文学会，日本独文学会東北支部，2020 年）所収）で既に論じているが，本稿の論述に必要なので，同論文から一部同じ内容・文章を繰り返してここでも言及する。

12　Büchner, Georg: Werke und Briefe. Gesamtausgabe. Hrsg. von Fritz Bergmann. Wiesbaden 1958 (=WuB), S. 567.（日本語訳は『ゲオルク・ビューヒナー全集——全二巻』（日本ゲオルク・ビューヒナー協会有志訳，鳥影社 2012 年=『ビューヒナー全集』）第二巻 272 頁）

13　WuB, S. 567.（日本語訳は『ビューヒナー全集』第二巻 272 頁）エルンストは宗教的儀式にもあまり関心がなかったという（Vgl. Hauschild, Jan-Christoph: a. a. O., S. 13.）。

14　Vgl. LBF, S. 29 f.

15　Hauschild, Jan-Christoph: a. a. O., S. 8.

16　ポーランド独立戦争の英雄ラモリーノを熱狂的に迎えるストラスブールの様子を綴った手紙（1831 年 12 月）や 1833 年 4 月のフランクフルト暴動を伝える手紙（1833 年 4 月 5 日），社会を変革するためには大衆の窮乏が必要であると書いた手紙（1833 年 6 月）などがこれにあたる。

17　Hauschild, Jan-Christoph: a. a. O., S. 8 f.

18　ゲオルクは父親に宛てた 1833 年 6 月の手紙で，「今後も僕がギーセンの田舎政治や革命ごっこに加わることはありません」（Büchner, Georg: Sämtliche Werke. Hrsg. von Henri Poschmann unter Mitarbeit von Rosemarie Poschmann. 2 Bde. Frankfurt am Main (Deutscher Klassiker Verlag) 1992 und 1999 (=DKV), Bd. 2, S. 369. 日本語訳は『ビューヒナー全集』第二巻，59 頁）と書いているが，翌年 3 月にギーセンに政治的秘密結社「人権協会」を自ら提唱し設立する。その後故郷のダルムシュタットに帰り，4 月にはそこにも「人権協会」の支部を設立している（Vgl. Chronik, S. 370 ff.）。

彼がナポレオン贔屓だったことに理由がある。エルンストは若い時に5年ほどナポレオン軍とともにヨーロッパをまわったため [19]，その後ヘッセン大公国に仕えながらもナポレオンとフランス文化贔屓であったことが，後に息子たちが語っていることで知られている [20]。フランス革命の歴史を書いた雑誌『現代』を子どもたちに読み聞かせていたというから [21]，フランス革命にも魅了されていたようだ。彼がナポレオンに傾倒していたことを示す一例として，ヘッセン大公国の君主に招かれた舞踏会でナポレオンのマスクをしたという話もあげられる [22]。しかしヘッセン大公国のお抱え医師であったエルンストにとって，フランス革命やナポレオンを讃えるのはあくまで現在の政治システムがあってこそのことであり，自分たちの生活基盤であるそのシステムまでをも覆すようなものであってはらならかった。次男ヴィルヘルムは，父エルンストはゲオルクの運動のことも政治劇『ダントンの死』を執筆していることも知らなかったし，もし彼の運動のことを知っていたらやめさせていただろうと述べている [23]。上述のナポレオンのマスクをして舞踏会に出たという話にも裏があり，彼はわざわざ君主の許可をもらってナポレオンのマスクをかぶったという [24]。彼の行動は君主制に対する批判などではなく，一種の余興に過ぎなかったのであろう。少なくともそういう言い訳を用意しての行動だったはずだ。「自由主義者」エルンストは，一方で極めて現実主義的であり，処世術に長けていたと言える。彼は，革命運動を起こし指名手配された長男ゲオルクを即座に勘当しているが，それも家族と自分を守るための当然の行動だった [25]。

　彼のこの現実主義的な生き方は，彼の職業とも無縁ではない。ビューヒナー家は代々医者の家系であるが [26]，エルンストもその例に漏れず医者となりヘッセン大公国で名をなした。彼はしばしば精神鑑定医として犯罪者の責任能力を鑑定したり，精神に異常があると思われる患者の診察にあたったりしており，その際の鑑定のい

19　本論には直接関係ないが，エルンストはこの従軍中の1807年にシュトラールズントでスウェーデン軍と闘っている。ビューヒナーの戯曲『ヴォイツェク』のモデルとなった実在のヴォイツェクも1807年にシュトラールズントでスウェーデン軍と戦ったという記録があり，彼の方はその時スウェーデン軍の捕虜となっている。既にここでヴォイツェクとビューヒナー家は接点があったことになる（Vgl. Hauschild, Jan-Christoph: a. a. O., S. 25.）。

20　Boehncke, Heiner und Sarkowicz, Hans: a. a. O., S. 120 f.

21　Vgl. Wuß, S. 567.

22　Hauschild, Jan-Christoph: a. a. O., S. 9.

23　Vgl. Wuß, S. 567.

24　Hauschild, Jan-Christoph: a. a. O., S. 9.

25　エドワース・ロイスは，ビューヒナー家は「反対派」に数えられていたと書いているが，アレクサンダーは自分を含む息子たちの政治的活動によって家の評判や宮廷で働く他の親族との関係が傷つくことはなかったと書いている（Vgl. LBF, S. 51 f.）。

26　既にビューヒナーの曾祖父が外科医をしていた（Vgl. Chronik, S. 360.）。

くつかを医学雑誌に投稿している。それらの鑑定書からは，自然科学者として患者と自分との間に明確な線引きをし，厳然たる距離をとって冷徹とも言える態度で「対象」を観察するエルンストの姿勢が見えてくる。

　一例をあげよう。「留め針の嚥下による自殺の試み」という鑑定書がある[27]。針を大量に飲み込み自殺をはかった 18 歳の女性の鑑定書である。詳細は省くが，300本もの針を飲み込んだという彼女の話を確かめるために，エルンストは彼女を軟禁状態に置きその食事を制限し，排泄物をすべてチェックする。医者としての彼にとって彼女は観察の対象物でしかなく，若い女性であるなどということは関係無い。女性はその後エルンストの所には来なくなり他の医者の所に行くようになったというが，その理由がこのような彼の扱いにあった可能性はあるだろう。このような職業上に見られる極めて実証主義的態度は，ゲオルクへの教育にも影響を与えている。エルンストは上述の女性の鑑定時に，針の身体への影響をはかるため，実験用の犬を飼って大量の針を飲ませて解剖し，胃の中の状態を調べている。彼は，息子たちのうちまだ幼い長男のゲオルクだけには，この犬をその後どう扱うかを伝えたうえで世話をさせていたという[28]。犬を世話するのは実証主義的な検証のためであるわけだが，当時まだ 10 歳にもならないゲオルクに，最終的には解剖実験をしてその命を奪うために世話をするのだという現実を知らせたうえで犬の世話をさせるというのは，やはり医師になるであろうゲオルクの将来を見据えたエルンストなりの極めて現実主義的観点からの教育だった。またエルンストは，大学入学前のゲオルクを，大学の人体解剖の場に連れて行ったというが[29]，これに関しても同様のことが言えるだろう。これらのことからは，エルンストにおいては実証主義的（もしくは自然科学的と言ってもいいだろう）観点と現実主義的な生き方が強く結びついていて，それが息子のゲオルクの教育にも影響を与えているということが理解できる。

　ゲオルクが実際に父親からこのような実証主義的かつ現実主義的なものの見方を受け継いだのは確かである。例えば生前からビューヒナーの文学的才能を高く評価していたグツコーは，ビューヒナーの作品（『ダントンの死』であると考えられる）を評して，ゲオルクの中心的な長所である類まれな偏見のなさや，書くもの全てに表れているほとんど死体解剖とでも言いたいものは，医学研究に負っていると書い

27　以下「留め針の嚥下による自殺の試み」に関しては以下を参照。Büchner, Ernst: Versuchter Selbstmord durch Verschlucken von Stecknadeln. In: Büchner, Ernst: Versuchter Selbstmord durch Verschlucken von Stecknadeln, S. 5 ff.

28　Ebd., S. 127.

29　Ebd., S. 125.

56

ている[30]。ここで言う「医学研究に負っている長所」とは，主に医学や解剖学を学んだり研究したりする過程で培われたものを指していると考えられるが，上記の例を見れば，グツコーの指摘する「長所」が培われた背景には，幼い頃から父の実証主義的な仕事ぶりに触れてきたことや，現実主義的教育を受けてきた影響も多分にあると考えられる。

またゲオルクは 12 歳の時に，父の誕生日に作文を書いて贈ったが，そこには船が難破した際に一般の乗客 400 人を見捨て真っ先に救命ボートに乗る船長が英雄として描かれている。ここからは，父が属する身分制度社会と，そこで極めて現実的かつ保身的生き方で出世を重ねる父の姿を，ゲオルクが幼くして既に理解していたことが見て取れる。

しかし長じたゲオルクが父親と決定的に異なっていたのは，その自然科学的視点で見る射程が個人を超えて，その背景にある社会システムや人間存在そのものにまで至るようになったことにある。自然科学的視点を背景にしたエルンストの現実主義は，ドイツにいながらナポレオンを賞賛し，フランス革命に魅了されながら大公国に仕えるという複雑な状況を受け入れ，身分制度社会の中で出世することを可能にした。だが革命の本場フランスに二年間留学したゲオルクの自然科学的視点は，フランス革命ですら支配者が貴族からブルジョアに変わっただけで，最下層の人々の暮らしは変わらないという歴史の教訓を導きだし，金持ちと貧乏人を分けるシステムそのものを根本的に変革することを求めた。彼はヴァイディヒと共に，農民に革命を呼びかける政治的パンフレット「ヘッセンの急使」を書き，農民をはじめとする下層の人々に蜂起を呼びかけたが，その際貴族だけではなく金持ち全般を敵とみなすことを主張した。結果としてそれは味方につけるべきリベラル派の一部をも非難するものとなるため，ヴァイディヒに原稿を修正されている[31]。父から受け継いだ自然科学的視点は，その父をも含む社会システムの不平等，不公平を糾弾し，その転覆を求めたわけだが，あえなく失敗したという結果を見ればそれは現実の政治状況や社会状況を無視したあまりに性急で「非現実的」なものであったと言わざるをえないだろう。

ビューヒナーにとって，革命は民衆との共同作業であるべきだし，民衆こそが革命の成否を握っているはずだったが，彼がこのような考えをストラスブール留学時

30　DKV, Bd. 2, S. 441.
31　Vgl. WuB, S. 563 f.

代から既に持っていたことは，次の留学時代の彼の手紙からもわかる。

　　　　ぼくはむろんこれからも，つねに自分の原則に従って行動していく
　　　　つもりです。しかし最近学びました。一般大衆の必然的要求だけが
　　　　変革をもたらすことができるということを，個々人がどう動こうと
　　　　叫ぼうと，それは無駄な愚行だということを。[32]（1833 年 6 月　家族
　　　　に宛てて）

　アウグスト・ベッカーによれば，ビューヒナーは「どんなに彼ら（農民）を親身
になって愛している人々ですら，結局のところ彼らにはかなり下劣な考え方がしみ
つき，悲しいことに，彼らはもっぱら金銭よりほかにほとんど関心を示さないと言
わざるをえなくなった」[33] とも述べている。ビューヒナーが農民に深い愛情を持ち
ながらも，その情に流されず彼らの実態を冷静に見極める目を持っていたことが
よく分かる。そしてその民衆の物質的な窮乏こそが変革を可能にするというのが
ビューヒナーの考えであった。彼が一貫してその考えを保持していたということは，
彼が亡命後も同じことを述べていることからも理解できる。亡命後の 1836 年 6 月
初めにグツコーに宛てた手紙でビューヒナーは次のように書いている。

　　　　この際ですから率直に申しあげますが，先生とお仲間たちは，わた
　　　　しの見るところ，必ずしももっとも賢明な道を歩んでこられたとは
　　　　思えません。社会を理念によって，知識階級の手で変えるですって？
　　　　それは不可能というものです！　われわれの時代は純粋に物質的な
　　　　のです [34]（1836 年 6 月初め　グツコーに宛てて .）

　現実を客観的に見据えようとするビューヒナーの姿勢はここにも見て取れる。一
部の知識人が動いただけでは革命を成し遂げることは不可能であることを，彼は正
確に認識していた。このようなビューヒナーの現実を客観的に見る目は同時代の他
の文学者と比較するとその特徴が際立つ。例えば，いわゆる「青年ドイツ派」に属
していたハイネやグツコーらはビューヒナーと同じ時代を生きた文学者であり，彼

32　DKV, Bd. 2, S. 369. 日本語訳は『ビューヒナー全集』第二巻，59 頁。
33　WuB, S. 462. 日本語訳は『ビューヒナー全集』第二巻，312 頁。括弧内は筆者による。
34　DKV, Bd. 2, S. 440. 日本語訳は『ビューヒナー全集』第二巻，124 頁。

らもまた革命に極めて高い関心を持っていた。しかしビューヒナーは、「社会を理念によって、知識階級の手で変え」ようとする彼らを、現代は、「純粋に物質的なの」だから無駄であると厳しく非難する。彼にとって重要なことは理念や理想を掲げることではなく、まず目の前の現実をしっかりと見つめることであり、そのうえでさらに行動することだった。高邁な理念を掲げるのではなく、今自分たちが生活に窮しているのは不当な搾取によるものなのだから行動せよというビューヒナーの農民たちへの訴えは、教養のある上の立場の人々を啓蒙していけば、その理念が民衆に伝播し社会変革へとつながると考える青年ドイツ派やヴァイディヒら他の知識人たちの革命へのアプローチと一線を画すものであった。

　このようなゲオルクの革命思想の背景にあるのは、1830年のパリ革命を通してドイツに伝わった革命である。さらにさかのぼれば当然フランス革命にその源流があるが、その市民権利を求める運動が行き着いたひとつの先が科学の破壊であった[35]。フランス革命後実権を握ったジャコバン派は、アンシャンレジームを徹底的に破壊する過程で、そのエリート主義的な「科学」もその対象とし、大学やアカデミーを解体した。その後ジャコバン派の指導者ロベスピエールが処刑されると、科学の分野でも新しい体制が作られ、フランス科学は質・量ともにヨーロッパの中で抜きん出た存在となるが、その後ろ盾であったナポレオンの没落と共にこの体制も衰退する。

　ドイツでは当時、一時期自分たちの支配者であったフランスの国家主義的かつ実利主義的な科学体制への反発から、フンボルトによって1810年に設立されたベルリン大学をはじめ、「純粋学問の探求や自由独立の理念」[36]が唱えられるようになる。他方ゲオルクも在籍していたギーセン大学をはじめとして、フランス実証主義科学の影響を受けた新しい学問及び教育制度も確立されつつあった。当時のドイツでは、「実利主義的な科学」と「純粋学問的な科学」が混在さらには融合していたと言える。その後1830年のパリ革命を契機に、ドイツにおいてさらに科学と革命の思想が融合したひとつの例がゲオルクの革命思想であり、後に見るルイーゼの女権運動である。

　だが敵を作りすぎるゲオルクの案は前述のように現実的とは言えず、ターゲットを絞り反封建的思想で統一して戦うべきであるというのがヴァイディヒの主張で

35　以降フランス革命以後のフランスにおける「科学」の状況、及びそのドイツへの影響については、古川安『科学の社会史　ルネサンスから20世紀まで』（ちくま学芸文庫　2018年）129頁以降を参照した。
36　上掲書、158頁。

あった。この不平等の根本的原因が金持ちを作り出す社会システムにあることは，フランス革命後にブルジョアジーによる支配が到来したという現実を学んだゲオルクにとっては自明のことであった。しかし思想的にどれほど正しいとしても，リベラリズムまで敵にまわしては革命の実現性は乏しく，彼の主張は受け入れらなかった。しかしここでビューヒナーの貴重な「作品」を台無しにしたとヴァイディヒを責めることは，エンツェンスベルガーの言うようにナンセンスである[37]。政治力学的には，むしろヴァイディヒの現実感はビューヒナーのそれよりも優れていたとみなすべきだろう。それに対してビューヒナーの現実感は，社会の中で生きる生身の農民の姿を自然科学研究者的視点で観察した結果得られたものに過ぎなかったと言える。

　結局ゲオルクが妥協する形で「ヘッセンの急使」はできあがるが，その妥協した運動ですら現実的なものではなく，彼の革命運動は内部からの密告や，味方にすべき救おうとした農民がパンフレットを警察に渡すという想定外の出来事により失敗し組織は崩壊する[38]。彼は父エルンストから受け継ぎ，その後医学研究や解剖学研究で培った自然科学的な視点で，社会システムを客観的に徹底的に観察し考察する能力を確かに持っていたが，それを用いて彼がとった革命運動に関しては，その結果や当時の社会情勢的・政治的観点から見ると，「現実的」とは言い難いものだった。

3. ルイーゼ・ビューヒナーの女権運動

　兄ゲオルクが革命運動に失敗し，その後1837年に亡命先のチューリッヒでチフスにより急逝してから18年後の1855年，ドイツのダルムシュタットで一冊の本が匿名で出版された。『女性とその仕事』というタイトルのその本は，女性が仕事を持つことと女性教育の重要性，女性がこれまで当然のように無償で行うことを求められてきた仕事を正当な職業として認めることなどを訴えるものであった。この本は好評で，出版の翌年すぐに再版され，そこで著者のルイーゼ・ビューヒナーの名前が明かされた。19世紀のドイツでは著者が女性の場合は名前を出さないことはそれほど特別なことではなかったが[39]，兄のゲオルクが革命運動失敗の末亡命し

37　Georg Büchner/Ludwig Weidig. Der Hessische Landbote. Texte, Briefe, Prozeßakten. Kommentiert von Hans Magnus Enzensberger, Frankfurt a. M. 1974, S. 51.

38　WuB, S. 562.

39　Vgl. Büchner, Luise: Women and their vocation. A nineteenth-century view by Luise Büchner. Translated and with an introduction by Susan L. Piepke, New York, 1999, S. 17. und LBF, S. 89.

た先で若くして亡くなったことを考えれば，慎重を期したと考えるのが妥当だろう。だが第一版の出版された翌年に，ある雑誌がルイーゼの名前を明かしてこの本を紹介したこともあり[40]，第二版で既にルイーゼの名前は明かされた。内容が過激であるという批判はそれほど無かったようで，名前を出しても危険は無いという判断がなされたのだろう。第二版の序文には，短期間のうちにこの本が再版されたのは，この女性の世界にまだ十分な健全性があることのなによりの証拠であり，「より良い女性教育の重要性」を訴える言葉は時代の要請であると思われると書かれていることからは[41]，むしろルイーゼがこの本の評判に手ごたえを感じていたことが分かる。

　この後見るように，1800年代半ばまでのドイツにおいては，女権運動の状況は決して良いものではなかったが，それは同時に社会における女性の立場も，男性とは様々な面で異なったままであったことを意味する。例えば男子校には女性教員は1930年代にはまったくいなかったし，プロイセンでは女学校においてさえ女性教員の割合は35パーセントであった[42]。そもそも女性は大学入学を許されていなかったので，他の専門職はさらに女性には開かれておらず，医師や法律家，研究者にもなれなかった[43]。これは下層の女性になればより顕著であり，彼女らは国民学校を13，14歳で出ると多くが奉公人や下女になったり工場で働いたりして，農村では結婚後は家庭の仕事以外に自分の土地や他所の農場で働いていた[44]。19世紀半ば以降は，工業化の進展により急激に労働力の需要が高まり，小作人などの娘は工場労働者となるものも多かったが，いずれにせよ，暮らしていけるだけの安定した収入を得られることはほとんどなかった[45]。

　この本は，そのような状況下にある女性の主に社会や家庭における役割や教育，仕事についての一種の女性への助言書であるが[46]，女性を取り巻く問題点をあげその解決策を提示する内容は，女性だけでなく男性にこそ向けられているとも言える。だが後で詳しく見るように，その際ルイーゼは決して声高に権利を主張したり男性中心の社会を非難したりはしない。当初匿名で出版しただけでなく，このような主

40　LBF, S. 91.
41　Büchner, Luise: Die Frauen und ihr Beruf. 4. Aufl. Leipzig 1872 (=FuB), S. VII.
42　Vgl. Frevert, Ute: Frauen-Geschichte zwischen bürgerlicher Verbesserung und neuer Weiblichkeit. Frankfurt am Main 1986, S. 76.
43　Ebd.
44　Ebd., S. 80 ff.
45　Ebd., S. 83 ff.
46　以下この本の内容とその特徴については，Scharpf, Cordelia: a. a. O. から多くを参照した。

張の方法にも彼女の用意周到さは現れている。

　彼女が慎重だったのは，ルイーゼ以前のドイツにおける女権運動の失敗を教訓にしたたことも理由だろう。ドイツで社会的な女性の立場を改善しようとする動きはこれ以前にもあり，19世紀半ばには女性をターゲットにした政治的な雑誌が発刊されるようになった[47]。その背景にあるのは前述した1830年のパリ革命によりドイツにも伝わった革命の理想であるが[48]，さらにさかのぼれば，オランダで始まった女権運動に影響を受けてフランス革命以降フランスで盛んになった女権運動であった。代表的人物はオランプ・ド・グージュであり，彼女はロベスピエールを公然と批判しダントンを賞賛するなど革命運動にも関わる一方で[49]，1791年に『女性および女性市民の権利宣言』を発表したフランス革命時代の「最も熱心な女性の男女同権主義者の一人」[50]でもあった。また，フランス革命の基本原則を記した「人間と市民の権利の宣言（人権宣言）」の「人間」に「女性」が含まれていないことへの批判が，グージュらの女権運動の始まりであったことからも[51]，フランス革命の市民権利を求める運動が女権運動に結びついていったことが理解される。既に述べたとおり，その後フランス的な「実利主義的科学」とドイツ的な「純粋学問的な科学」が融合し，さらに1830年のパリ革命を契機にこれらの科学と革命の思想がドイツで結実したひとつの例が女権運動であった。

　しかしドイツではルイーゼの兄ゲオルクが革命運動に失敗したように，各地の革命運動はフランスと違い大きなうねりとなることはなく，特に1849年のドレスデンの蜂起の失敗以後，運動に対する締め付けは厳しくなる。これは女権運動に関しても同じであった。革命期の1848年から1849年にかけて女性のための政治的な雑誌や新聞が相次いで刊行されるが，その多くは廃刊に追い込まれた。その一部は検閲（当然男性がその役割を担っていただろう）により，また一部は女性が宗教によって束縛されているという宗教批判をとがめられたことが廃刊の理由だったという[52]。

47　参照：桑原ヒサ子「『ナチ女性展望』NS Frauen Warte —女性による女性のための雑誌」桑原ヒサ子（日本独文学会叢書124「時代を映す鏡としての雑誌—18世紀から19世紀の女性・家庭雑誌に表われた時代の精神を辿る」日本独文学会，2017年），39頁。

48　同上。

49　アラン・ドゥコー『フランス女性の歴史3 革命下の女たち』（渡辺高明訳，大修館書店　1980年）142頁以降。

50　上掲書，135頁。

51　辻村みよ子「人権と女性の権利——「人権の普遍性」論への一視角」（『一橋論叢』第108巻　第4号，1992年）572頁。「フランス人権宣言」では，女性の他にも，ユダヤ人，有色の自由人，植民地の奴隷，家僕，女性などを権利の主体についての考慮の外に置かれ，女性，子ども，外国人，などの政治的権利が否定されていた。

52　このあたりの経緯については，桑原ヒサ子『『ナチ女性展望』NS Frauen Warte —女性による女性のための雑誌』39〜40頁を参照した。

このような女権運動の厳しい現状に加え，ルイーゼは兄ゲオルクが革命運動の失敗の果てに命を危うくし亡命を余儀なくされたことを家族の一員として経験していた。後にも述べるように，ゲオルクはフランス革命の失敗を学び，ドイツでの革命成功の可能性が無いことを十分認識していたにもかかわらず，命を賭して革命運動を率いた。その認識と行動を埋めるものが何なのかについてはいまだに決着がついていないし[53]，ここで立ち入ることはしないが，ルイーゼが同じ失敗を繰り返さなかったことは確かである。

以下ではルイーゼが『女性とその仕事』で，いわば既存の権力者やシステムと決定的な対立をしないよう巧妙に女性の権利について主張したことをさらに検討したい。

4.『女性とその仕事』の内容とその戦略的特徴（1）

上述のように読者を女性に限らず男性にも読まれることをルイーゼが意識していたことは，それまでの女性用のマナー本の多くに書かれていたような「女性のために」といった直接女性に向けた献辞が書かれていないことや[54]，各章のはじめに引用されている言葉がほとんど男性のものであることからも推測される。第三版までは，各章の初めの言葉として引用された女性は作家のラーヘル・ファルンハーゲン・フォン・エンゼとエリーザベト・フォン・シュテーゲマンの 二人のみで，第四版以降もイギリス人の女性社会改革者ジョセフィン・ブダーを加えた三人のみである[55]。

また第三版の序文では以下のように，この本が女性読者（Leserinnen）だけでなく男性読者（Leser）も対象としていることを明示している[56]。

53　例えばドゥチュケは，「たとえ客観的な歴史経過を意識し，高い認識水準に到達していても，それを捨てて実存主義的反逆の道を歩まざるをえないような状況があることは，よく知られていること」（Dutschke, Rudi: Georg Büchner und Peter-Paul Zahl, oder: Widerstand im Übergang und mittendrin. In: Georg Büchner Jahrbuch/4 (1984), S. 25.）と，ビューヒナーは革命運動の無謀さを知りつつも，自らの命をかけて民衆を啓蒙しドイツの実情を世に知らしめようとした解釈し，トーマス・ミヒャエル・マイヤーは，ビューヒナーの運動はドイツにおける革命成功の可能性とその限界を見極め検証するための作為的なものであったと解釈する（Mayer, Thomas Michael: Büchner und Weidig – Frühkommunismus und revolutionäre Demokratie. Zur Textverteilung des »Hessischen Landboten«. In: Georg Büchner I/II. Hrsg. von Heinz Ludwig Arnold, Edition text+kritik, München 1979, S. 95 ff.）。またフィエートアは，ビューヒナーはドイツでの革命の成功を固く信じていたと考え，ビューヒナーは「当時のドイツの状況に含まれる可能性を正しく判断するための見識も能力も持っていなかった」（Viëtor, Karl: Büchner. Politik・Dichtung・Wissenschaft. Bern 1949, S. 90 f.）と断じている。

54　Vgl. LBF, S. 98.

55　Vgl. ebd., S. 105.

56　Vgl. ebd., LBF, S. 166.

　　　これまで同様，私たちは読者（Leser und Leserinnen）の寛容さに頼り，
　　　次のことを今一度お願いする次第です。つまり，筆者の教育学的能力
　　　を非難するのではなく，筆者の姿勢と筆者が述べたよりよい女性教育
　　　の切実な必要性を検討していただきたいのです。[57]

　既存の社会システムの中心層やその価値観を守りたい人々から反感を買わないた
めのルイーゼの慎重な姿勢は，男性に関してだけではない。ルイーゼは女性のより
重要な役割は家事であるという保守的な主張をたびたび強調している。既に本の序
盤で彼女は次のように書いている。

　　　したがって純粋に実用的な観点から言えば，中産階級の若い女の子に
　　　とっては，ピアノのスカラよりも家事全般を徹底的に学ぶこと，外国
　　　語で話すよりも料理の方法を知ること，最高の刺繍を施すよりもシャ
　　　ツの縫い方を知ることのほうがはるかに必要でしょう。[58]

　この本の主たる主張のひとつは，上述のように女性が様々な仕事を持つことと，
これまで無償であることが当たり前だった女性の仕事を正当な職業として認めるこ
との意義であった。その際ルイーゼは，女性に家事以外の重要な仕事をする機会が
あるならそれを否定するべきではないし，「看護や広い意味での教師や教育者，子
どもと女性のための医師，芸術の育成，科学的研究，そして工業的職業や商業的職
業―これらの広範囲にわたる仕事はすべて，いえもしかしてそれ以上の仕事が，今
日女性に開かれているか，もしくは近い将来開かれるでしょう」[59]と，女性もこれ
まで認められてこなかった多種多様な仕事をして自立する道があることを説くが，
同時に上の引用のように従来の価値観の重要性も強調している点はやはり極めて戦
略的である。
　それに加え彼女は，下記の引用に見られるように，家事は社会を正しく機能させ
るため，ひいては人類の発展のために必要な女性の重要な役割であり，家事をはじ

57　FuB, S. X f.
58　Ebd., S. 19 f.　第三版には「しかし，少なくともここで言えることは，すべての少女は，特別な職業を選ん
　　でそれに専念する前に，まず一般的な女性教育を受けるべきであるということです」との記述もあったが，こ
　　こであげた第四版で加筆修正する際にこの記述は消えたようだ（Vgl. LBF, S. 134.）。
59　FuB, S.225.

64

めとした家庭内の仕事こそが女性のなによりの責務であるとも主張する。

> 男の子に言うように，女の子にも幼い頃から言い聞かせましょう。
> あなたたちは無造作に甘い香りを放つただの花であってはならず，
> 世界が共有し利益を得る果実となるべきであると。世界中が男性に
> 対してだけでなくあなたたちに対しても，自分の領域で義務を果た
> すように要求しているのです。そうすれば，あなたたちも男性同様
> に社会の役に立つことができます。その領域とは，家庭内の義務を
> 最大限に果たすこと，つまり母親や家庭教師という女性の職業以外
> にどこにあるというのでしょうか。[60]

　彼女がこのように家庭での女性の役割の重要性を強調するのは，女性が家族の中でいかに重要な役割を担っているかということや，妻や母親が家庭の中心であることを示し，女性の重要性を認識させる意図もあるだろう[61]。その際彼女は，女性は「社会の奉仕者（Dienerinnen der Gesammtheit）」[62] として一般的な家事に加え，家族や使用人の生活の世話や帳簿付け，自身や自分が預かった者の教育といった義務を果たすべきであるという[63]。ここで彼女の巧みなところは，上記の引用にも見られるように教育を女性の家庭内の義務として入れているところである。というのも，そのためには，女性は相応の教養を身につけねばならず，そのためには女性も十分な教育—男性と同程度の教育を受ける必要が出てくるからである。これにより，この本のもうひとつの主張，女性教育の重要性が自然かつ論理的に訴えられることになる。

　彼女は「実践的な活動と知的な活動の結合によってのみ，真の調和のとれた人間が育つ」[64] と，知的教育の人間形成への重要性を訴え，より具体的には，当時14歳までが通例であった女性の学校教育を[65]，男性同様に18歳まで引き上げることをこの本の中で主張する[66]。注目すべきは，ここでも彼女は決して男女が同じ教育を受けることを主張しているわけではないということである。というのも，それは場合

60　Ebd., S. 6 f.
61　Vgl. LBF, S. 149 ff.
62　FuB, S. 80.
63　Vgl. LBF, S. 133.
64　FuB, S. 13.
65　Vgl. LBF, S. 23.
66　FuB, S. 8 ff.

によっては，男性の領域を侵し，競争相手になることを意味するからである。その
ため彼女は第四版で付け加えられたやはり冒頭の一部で，次のように男女の違いに
ついて明言する。

> しかし，そのような限界は男性にも設定されています。男性もまた人
> 間以上のことを望んだり達成したりすることはできないのです。しか
> し，女性が男性と同様の教育を受け，同等の能力と権利を持ち助力者
> として男性を支えれば，男性の知識と業績は間違いなく無限に深まり，
> 拡大します。男女の違いは廃止されるべきではありませんし，また無
> 視されるべきでもありません。そんなことをすれば，世界は極度の一
> 面性に陥らざるを得ないからです。とはいえ，自分ができると十分に
> 証明したことを行い実践することを，女性であるという理由で否定さ
> れるべきでは，もはやありません。それは，男性がそのことが苦手で
> あるにもかかわらず，単に男性であるという理由で盲目的に任されて
> きたことをできる限り回避すべきであるのと同じことです。[67]

　これに続けて彼女は，「これらの違いを否定し，すべての女性に男性が動くのと
同じ活躍の場を与えようとする努力は，おそらく現在だけでなく将来も否定される
でしょう。多くの場合，それは愚かなことだからです」[68] とも書いており，男性と
対立しないよう注意を払いながら，女性の教育の権利を主張する慎重な姿勢がここ
にも見て取れる。さらには，そのような教育で得られる知識や能力は，第一義的に
は彼女たちが知的な専門的な職業に就くために役立つのではなく，まず家庭内で子
どもたちを教育する際に重要であると，やはり家庭での役割を重視する姿勢を強調
している [69]。このように，彼女は仕事についても教育についても，男女がまったく
同じことをしなければいけないとその平等を主張することはない。そうではなく，
互いの領域においてそれぞれの義務を負い，それを果たすことによって，それぞれ
が十分な権利を持つことを主張するのである [70]。

67　Ebd., S. 2.
68　Ebd., S. 2 f.
69　Vgl. LBF, S. 125.
70　Vgl. LBF, S. 129.

しかし，女性のために法の下の平等を求めるというのであれば，法の下の責任も女性には求められます。そうして初めて女性は男性と対等な立場に立つことができ，自身が国家共同体の間然するところのない市民であると感じられるようになるのです。そのためには，男性と同じように自分の行動に責任を持ち，法と正義に反した場合にはその厳しさを受け入れなければなりません。[71]

そのうえで彼女は，十分な教育を受けられないために，女性が最も適した領域で自身の能力を発揮することができないことを問題視し[72]，「家事に対する尊敬の念と同じように，知的な探求に対する尊敬の念も思い起さねばなりません。前者を自身に最も身近な義務全体を表すものとして尊重するように，後者も自身にとって最高の，地上のどんな権力も奪うことのできない永遠の善として尊重すべきなのです」と[73]，女性のより高度で十分な教育の必要性をも訴えるのである[74]。ルイーゼは「女性に自分の領域における権限，すなわち責任と義務を与えることで，女性を責任，義務，権利のある男性と同等の立場に置き」，男女が「一部は重複しつつ，等しく重要な領域で義務を果たす」ことを目指したのである[75]。

5.『女性とその仕事』の内容とその戦略的特徴（2）

女性の自立という点と関連してルイーゼがこの本で光をあてたもののひとつが，結婚しない女性という，いわばそれまでは日陰者のように扱われてきた存在である。彼女は，男性と女性がそれぞれ十分な教育を受けそれぞれの領域で十分にその能力を発揮し，結果として対等な関係になることを主張したように，結婚していようといまいと女性はそれぞれの領域で能力を発揮しなければならないし，社会的に開かれた場で働いていてもいなくても，社会的責任を果たさなければいけないという意味で，両者は平等な関係であると主張した[76]。

71 FuB, S. 207 f.
72 Vgl. LBF, S. 108 ff.
73 FuB, S. 64.
74 ルイーゼはより具体的に，「少女たちにまず必要なのは，世界史と母国語，地理，一般的な自然法則，自国の古典文学に関するまったくもって徹底的な知識である」とも書いている（Vgl. FuB, S. 54.）。
75 Vgl. LBF, S. 460.
76 Vgl. Ebd., S. 437.

　女性が，未婚者が既にそうであるのとまったく同じように，自分の
行動すべてに責任を持たねばならないことを知ることは，その人格
形成に大きな意味を持つでしょう。[77]

　しかしやはりここで同時に，結婚し家庭を持つことで女性が最も自由になれると
主張しているのは，これまで述べてきたとおり，保守的な層からの批判を受けない
ための彼女の戦略であろう。

　近代的な家庭生活の範疇においてこそ，女性は自然に与えられた領域
で最も自由に発展できるのです。そこでは女性は制限されていますが，
閉じこめられてはいません。妻であるが奴隷ではありません。それゆ
えこれほど完全に男性と対等の立場に立ち，自由になれる立場は他に
はないでしょう。[78]

　さらに彼女は，当時「フランスから伝わってきた自由恋愛の宣言は心の優しい
女性はみな断固として拒否しなければならない」[79]と結婚を拒否する同時代の女性
たちを批判し，「結婚を最高の幸福のレベルとして尊重すること」が「すべての女
性が認識できる最高のものであるはずです」[80]と述べ，伝統的婚姻制度を擁護する。
だがその直後に，「かつ平和な心で結婚しなくてもやっていけるようになること」[81]
がその最高のものであると付け加えていることで自身の主張を明らかにしている。
　結婚しないことを推奨していると受け取られれば，当時の社会通念に著しく反す
ることを主張しているとみなされ，これまでの女権運動やゲオルクの例を見てもあ
えなく運動自体が潰される可能性は多分にあった。そこで彼女は，実際に結婚しな
い女性も当然おり，家庭との両立を図る必要のない彼女たちには専門的な仕事をさ
せるのがいいと提案する。彼女は上述のように，一般的には家庭を持つことが女性
にとって最たる幸せであることを強調したうえで，19世紀前半の多くの本が，女
性の職業を妻や母親と仮定していたのとは異なり，未婚者の女性を妻や母親とは

77　FuB., S. 208.
78　Ebd., S. 203 f.　シャルプフによれば，ルイーゼも同時代のブルジョアと同様，母親は家庭の外で働かない
　　のが理想的だと考えており，第四版で初めて，妻は「奴隷」ではなく，夫の「妻」であり「友人」でなけれ
　　ばならないと書いたという（Vgl. LBF, S. 455.）。
79　FuB., S. 212.
80　Ebd., S. 214.
81　Ebd. ルイーゼはこの部分をわざわざ隔字体にして強調して書いている。

別の，しかし同様に重要なものとして認識させようとした[82]。結婚だけが理想的な人生の選択肢ではなく，自活のための職業を求め，自ら行った仕事に喜びを見出す女性が増えていき，女性は何の制約もなく公に職業を追求し，「自己満足を得，それによる幸福と静寂を得る」[83] ことが許されるはずであるというルイーゼの主張は，現代ドイツではごく当たり前ことと見なされているが，それはこのルイーゼの考えが極めてアクチュアルであることを示している[84]。

その際女性が行うべき職業として具体的にあげられるのは，家庭や学校で子どもを教育することや孤児の養育，また後にあげる看護師などである。

> 看護や広い意味での教師や教育者，子どもと女性のための医師，芸術の育成，科学的研究，そして工業的職業や商業的職業—これらの広範囲にわたる仕事はすべて，いえもしかしてそれ以上の仕事が，今日女性に開かれているか，もしくは近い将来開かれるでしょう。さらに女性が既に就いているものや，最も身近な家事から自然に派生する職業や分野もあり，それらもおそらく今まで以上に女性によって活用されるようになるでしょう[85]。

もちろんこのためにもやはり十分な教育をその女性が受けていることが必要となる。「未婚の女性は，自分の母親と同じように，若者にとって必要不可欠な存在になることができるが，そのためには，教育を充実させなければならない」し[86]，また「現代の真の女性は，精神的な教育なしには考えられない」[87] が，「少女への教育は，不十分で表面的で真面目にされていない状態が続いている」[88] と，やはりここでも彼女の主張は，女性に適切で十分な教育を求めない社会への批判と女性教育の必要性へと繋がっていく。

また，未婚女性の仕事を考えなければならないもうひとつの理由として，夫の稼ぎをあてにできない彼女たちは自活しなければいけないということをルイーゼが挙

82　Vgl. LBF, S. 141.
83　FuB, S. 225.
84　Vgl. LBF, S. 438.
85　FuB, S. 225 f.
86　Ebd., S. 215.
87　Ebd., S. 9.
88　Ebd., S. 102.

げていることから，「未婚女性の経済的自立の必要性」[89]とその有用性の両面を彼女は認識していたと考えられる。その説得力は，著者のルイーゼ本人が幼少の頃の事故が原因で背中が曲がってしまい[90]，おそらくそのことが原因で結婚できなかったということを読者が知ればより増しただろうか。独身の女性を専門職の働き手としてわざわざ取りあげるというのは当時としては珍しいことであったろうが，19世紀中頃のドイツは経済の機械化による急激な発展と戦争のため，より多くの働き手を必要としており，時流にかなったものであったとも言える。しかもその際彼女は，社会的慣習のごく一部の改善だけを主張しているように見えるよう腐心し，既存のシステムの権力者や擁護者と対立する構図にならないよう細心の注意を払うのである。

　既存のシステムの代表者とも言える宗教に関しては，この本の内容はむしろ宗教的な要素が薄すぎるということで非難があったが[91]，そのことに対してルイーゼは既に第二版の前書きで，「この本は，その全体が信条や宗教の区別なく，すべての人のものであるべきであり，宗教問題における論争的要素が再びこれまで以上に前面に出てきている今，これ以上詳しく説明することは適切ではないだろう。宗教教育は，各家庭の意識と判断に委ねられるべき問題であるように思われる」[92]と，宗派や宗教間での対立が起きないように考慮したことをうかがえる内容を記している[93]。

　またルイーゼは，「女性はまずその社会からすべてを受け取る必要はないし，その社会を通して何ものかになる必要もありません」[94]と書くが，コーデリア・シャルフはこの「社会」とは「社交界」のことであるとし，ルイーゼは家庭で定められた範囲と義務のうちに女性の役割をまず見出しているという[95]。ここでルイーゼは，上流階級の華美な服装をまねる必要はなく，主婦は簡素な服装で家事をこなすべきであるとも主張しているが[96]，これらの主張からは，単なる上流階級批判だけでは

89　Ebd., S. 14.
90　Büchner Alexander: Das „tolle“ Jahr, vor, während und nach: Von einem, der nicht mehr „toll“ ist. Gießen, 1900. S. 373. 赤ん坊の時に乳母車から落ちたか（Vgl. Mayer, Thomas Michael: Georg Büchner. Leben, Werk, Zeit: Katalog. Marburg 1985, S. 38.），もしくはメイドが誤って彼女を落としたと言われている（Vgl. Hauschild, Jan-Christoph: a. a. O., S. 24.）。
91　この批判については，ルイーゼの兄ルートヴィヒの書いた唯物論的世界観の『力と物質』への批判が関係している可能性も指摘されている（Vgl. LBF, S.160.）。
92　FuB, S. VIII f.
93　一方で第四版になると彼女は「今世紀のプロテスタントの修道院は，カトリックの修道院学校と同じくらい，いやそれ以上に批判されるべきもの」（Ebd., S. 94 f.）であるとして，国家の監督下にない教会系の学校をあからさまに非難している。
94　Ebd., S. 70.
95　Vgl. LBF, S.130 f.
96　FuB, S. 75 f.

なく，彼らとの対立も避けようというルイーゼの意図も見て取れる。

6. ルイーゼ・ビューヒナーの女権運動の特徴

　以上見てきたような，未婚の女性も含んだ女性全般の自立を目指し，具体的な教育や職業について提案する主張は，ルイーゼ・オットー・ペータースらのルイーゼより少し前から同時代の女性運動家の主張と類似点が多い[97]。ルイーゼのひとつの大きな特徴は，この本を書くにあたって，既存の社会的通念やシステムを守ろうとする人たちや，それによっていわば利益を得ている人々と対立しないよう多方面に対して細心の注意を払っていたことにある[98]。このようなしたたかさは兄のゲオルクにはないもので，むしろ父エルンストの処世術を思い起こさせる。エルンストは息子ゲオルクへの手紙で「味方はいくらでもいていいが，わずかでも敵を作るのは不利益になることを決して忘れてはならない」[99]と書いている。宗教に関しても彼はその儀式的なことにはほとんど注意を払わなかったというが[100]，少なくとも家の外でそのようなそぶりは見せたという証言はない。ゲオルクがこの父の教えを守ることができなかったのは，彼が「ヘッセンの急使」の原案で，貴族だけではなく金持ち全般を敵とみなしたため，味方につけねばならないリベラル派の一部までをも敵としかねないとヴァイディヒに修正されたという先述の逸話からも分かる。

　他方ルイーゼはこの父の教えを忠実に守ったと言える。それどころか彼女は自分の思想に女性だけでなく男性をも巻き込み，さらにはヘッセン大公国のプリンセスを味方につける。イギリスからヘッセン大公国に嫁いできたアリス・モード・メアリーはナイチンゲールの友人で，女性の仕事，特に看護に関して強い興味を持っていた[101]。前述のように『女性と職業』でルイーゼは，女性の職業として教員をはじ

97　Vgl. Frevert, Ute: A. a. O., S. 69.
98　ルイーゼ・オットーも男女間の相違をすべて消し去ることなどを意図してはいなかったという。身体的性的特徴などまで否定することと捉えられ，反発が激しくなることを危惧したと考えられる（Vgl. a. a. O., S. 71.）。
99　Büchner, Georg: Sämtliche Werke und Briefe. Historisch-kritische Ausgabe mit Kommentar. Hrsg. von Werner R. Lehmann. Hamburg. Bd. 1: Dichtungen und Übersetzungen, mit Dokumentationen zur Stoffgeschichte, 1967. Bd. 2: Vermischte Schriften und Briefe, 1971, Bd.2, S. 501.
100　Vgl. Hauschild, Jan-Christoph: a. a. O., S. 13.
101　以下アリス女性協会とアリス・モード・メアリーについては，„Stadtlexikon Darmstadt" から „Alice-Frauenverein" の項（https://www.darmstadt-stadtlexikon.de/a/alice-frauenvereine.html，2019 年 3 月 1 日閲覧）を参照。1866 年のプロイセン・オーストリア戦争で看護婦の必要性が明らかになり，アリスは 1867 年初頭に戦時と平時の両方で働ける世俗の看護婦を養成するという計画を実行しようと考えたという（Vgl. Scharpf, Cordelia: Luise Büchner: A Nineteenth-Century Evolutionary Feminist. Oxford, Bern, Berlin, Bruxelles, Frankfurt am Main, New York, Wien, 2008, S.15.）。

めとした幅広い分野にわたる職業をあげたが，特に看護については他の職業とは別立てでページを割き，その起源や歴史まで概説し，女性が真剣に考えるべき職業として強調している。さらにその後ルイーゼはアリスの支援を受け，1867年にアリス女性協会をダルムシュタットに設立し初代の副会長を務める。看護職に興味を持っていたアリスの意向と，職業人としての女性のあり方と女性の教育の向上を探っていたルイーゼの意向が合致したのだろう。というのもこれ以前の1860年代までは，この地域の看護は修道院で働くシスターたちが大部分を担っていたが，彼女たちにとってこの仕事は「天職」であり，この「職業」に対して一切金銭は受け取っていなかった[102]。協会の目的はこのように慈善の形で行なわれていた看護を正当な女性の職業として主張し，そのための女性の教育と金銭を伴う雇用に尽力することであり，これにより「数百年にもわたる修道院による看護の独占が廃止された」という[103]。この協会の会長はアリスだったので，実質的にこの協会を運営していたのはルイーゼだったと考えられる。

　設立後間もなく，協会は女性業者の製品を販売する「アリス・バザー」をヴィルヘルミーネ通りで開催し[104]，1870年には女子高等学校を設立し，さらに女性の手工業者のために職業学校も開設した。ルイーゼ自身もそこで講義を持ち，その一部は「1815年から1870年のドイツ史」というタイトルで本としてまとめられた[105]。

　アリスの夫ルートヴィヒは1877年にヘッセン大公国大公となり，それに伴いアリスも大公妃となる。ルイーゼの活動は実質的に国公認のものとなったのである。実際それ以前の1873年に既にルイーゼは，当時のプロイセンの文部大臣の呼びかけによりベルリンで開かれた女子教育改革会議に専門家の一人として諮問を受け，意見書を提出している[106]。その改革案の一部は1894年に文部省に取り上げられ，やはり一部が1908年にドイツで実施された[107]。これらのことは，ルイーゼの運動が単なる理念だけのものではなく，現実的かつ実行可能性に満ちたものであったことを示している。そのことは，ゲオルクの革命運動がほとんど何の成果も残さなかったことと比べればより明らかになるだろう。

102　Vgl. LBF, S.138.
103　Ebd.
104　本論と特に関係ないが，偶然にもこれは亡くなった兄ゲオルクの婚約者の名前と同じである。
105　Vgl. Ebd., S. 294.
106　Vgl. Ebd., S. 410 u. 433. プロイセンの文化省会議で，女性の教育問題について意見を求められているが，これは女性としては初めてのことだったとも言われる。
107　Vgl. Ebd., S. 509.

　以上のように，ルイーゼの活動や著作の内容の大きな特徴のひとつは，運動を進める際の極めて慎重で現実的，かつ戦略的な態度とその実現性である。ルース・エレン・B・ジョーレスがこのような彼女のことを「合理的な保守フェミニスト」[108]と呼び，マルガレーテ・ディエクスが「保守的な革命思想家」[109] と呼んでいることからも分かるように，同様の指摘はこれまでもされている。本稿で強調しておきたいのは，繰り返しになるが，このような彼女の態度が，父エルンストの処世術を思わせることである。兄弟たちが時に指名手配されたり逮捕されたりするほど過激とも言える政治的行動をとったことと比べると，そのことは明らかである。

　医者になるべく英才教育をほどこした長男ゲオルクをはじめ，息子たちにエルンストが行った時として行き過ぎとも言える教育や彼の自由主義的思想が[110]，息子たちを社会変革へと向かわせ，時に過激な行動へと走らせた可能性は否めない。ルイーゼも，時に指名手配されたり逮捕されたりするほど過激とも言える政治的行動をとった兄弟たち同様，社会変革を目指したが，その際の彼女の言動はあくまでも自分が属する社会で安寧に生きることを前提にしたもので，極めて現実主義的かつ慎重なものであった。彼女はエルンストの自由主義的思想だけでなく，自分が所属する社会で生き抜くための保守的ともまた保身的とも言える生き方を受け継いでいたと言えるし，結果として息の長い女権運動の中心的な人物として活躍できた。

　そのことは特にゲオルクとの対比で明らかであり，以下でエルンストも加え再度三人の特徴を検討することで，ルイーゼのその特徴を確認しその背景について考察したい。

7. 運動の成否を分けた父から兄妹への影響

　エルンストの自由主義的思想が，ルイーゼも含む子どもたちに受け継がれたのはこれまで見てきたように明らかである。さらにエルンストは，彼の鑑定書からも分かるように，医者や自然科学者として事象を客観的に観察し判断する能力を持っていた。だが彼は子どもたちと異なり，その能力を，不平等や格差を生み出す社会の分析には用いず，その社会の中で生きる術として用いた。君主の許可をもらったう

108　Vgl. Ebd., S. 7.
109　Ebd.
110　既に述べた大学入学前のゲオルクを大学の人体解剖の場に連れて行った例の他にも，アレクサンダーを12歳の時に公開処刑を見せに行った例もある（Vgl. Boehncke, Heiner und Sarkowicz, Hans: a. a. O., S. 125.）。

えで，舞踏会でナポレオンのマスクをかぶったというエピソードは，そのことを端的に示している。彼は最終的に大公国の上級医学参事官局の臨時局長にまで出世し，もし息子たちの革命運動がなければ局長になっていた[111]。1858 年には大公から功労賞として騎士十字功労賞も授与されている。彼の中では自由主義的思想と自然科学者的視点が，政治や社会批判という形で結びつくことはなかった。それどころか，例えば上述の針を飲み込んだ患者に対して，「針人間」と揶揄するような表現をするだけでなく，「この針人間と次回は裁判医として解剖台で会うようなことになったなら，必ずや私はもう一度続きを報告しょう」[112] と，患者の命を軽視するような物言いまでしていることや，自己去勢した患者の鑑定書では，自己去勢する男性はみな馬鹿ばかりで，しかも馬鹿になった原因は自慰行為のし過ぎであると断言していることからは[113]，むしろ自分より下層の人間を見くだしたり馬鹿にしたりする姿勢が見て取れる。

　一方でゲオルクは，父から受け継いだ自由主義的思想と自然科学者としての客観的視点を社会変革のための革命運動という形で結びつける。これはフランス革命と同様であるが，彼の場合はそのフランス革命の失敗を知り，ドイツで革命が成功する可能性がないことを認識しながら，それでも行動に踏み切った点にその特徴がある。例えばストラスブールに留学中ビューヒナーは大学の神学部生サークルに所属していたが，その議事録にはビューヒナーがドイツ政府の腐敗と大学生の粗暴な様子を厳しい口調で批判し，故郷での革命成功の可能性を否定している様子が見て取れる[114]。また留学時代の 1833 年の 4 月 5 日に家族へ宛てて書いた手紙の中では，二日前にフランクフルトで起きた一部の急進派が警察本部を襲撃した事件に触れ，「ぼくは今回の事件に加わらなかったし，この先も加わりません」と書き，さらに「ドイツ人が，自分の権利のために戦う用意のできた国民だ」という考えは「幻想」であり「ばかげた考え」であるし，「ドイツ人の無関心は実際たちが悪く，どんな計算も成り立たせない」とまで書いている[115]。他にも家族に宛てた 1833 年 6 月の手紙で，「個々人が何を書こうと誰も読みません。どう叫ぼうと，誰も耳を貸しません。

111　Chronik, S. 360.　彼は局長の座を固辞したというが，それにはゲオルクの革命運動が影響した可能性も指摘されている（Vgl. Boehncke, Heiner und Sarkowicz, Hans: a. a. O., S. 122 f.）。

112　Büchner, Ernst: a. a. O., S. 39.

113　Büchner, Ernst: Beobachtung einer glücklich abgelaufenen Selbst-Ermannung. In: Büchner, Ernst: Versuchter Selbstmord durch Verschlucken von Stecknadeln, 68 ff.

114　Mayer, Thomas Michael: Das Protokoll der Straßburger Studentenverbindung »Eugenia«. In: Georg Büchner Jahrbuch/6 (1986/87), S. 360.

115　DKV, Bd. 2, S. 367. 日本語訳は『ビューヒナー全集』第二巻，57 頁。

どう行動しようと，誰も助けてはくれません。―お見通しのとおり，今後もぼくがギーセンの田舎政治や革命ごっこに加わることはありません。」[116]とドイツでの革命運動に対して否定的な考えを書いている。

　子どもたちにフランス革命の崇高な理念を語る父親を持ちながら，おそらくゲオルクはフランス革命の思想を父親のように素直に感受することはできなかった。ゲオルクが生まれた翌年の1814年から1815年にかけてウィーン会議が開かれ，メッテルニヒの反動体制が始まる。フランス革命はごく一部の人に自由と平等をもたらしただけで，その後再び自由主義が弾圧される時代にゲオルクは生きた。本当に救われるべき庶民や最下層の人々はフランス革命では救われず，せいぜいブルジョワが貴族や王族に変わって権力を増大させただけという失望もあっただろう。

　結局下層の貧困は変わらず，彼らは相も変わらず支配され搾取される弱者のままであり，常に搾取され貧しく悲惨な彼らの現実に目を向ければ，結局ブルジョワジーも貴族と何ら変わりはなかった。声高に謳った理想は現実の前に裏切られ，空虚なものとなっていく。ビューヒナーから見れば，それが上からの啓蒙の結果だった。そして彼は，同じように階級という壁を取り払わずに大衆を嘲笑する者たちを「貴族主義」[117]と呼び，憎悪の感情を持つ。その貴族主義者の中には当然父エルンストも含まらざるをえない。エルンスト同様自由主義的思想を持ち事象を客観的に見る目を持ちながら，父のようにその目を社会の不平等に向けず，むしろその中で生きる術として使うことは，彼にはできなかったのだ。ヘルマン・クルツケは『ヴォイツェク』のドクターとヴォイツェクの関係にエルンストとビューヒナーの関係が反映されているとし，そこにゲオルクの父親へのコンプレックスを見て取るが[118]，体制の中で生きるエルンストへの反発だけでなく，父のようには生きられないという思いもゲオルクにはあったかもしれない[119]。上述の手紙に見られるように彼はドイツにおける革命の可能性を否定していただけでなく，下記のいわゆる「宿命論の手紙」からは革命運動そのものの空虚さを強く認識していたことも見て取れる。

116　Ebd., Bd. 2, S. 369. 日本語訳は『ビューヒナー全集』第二巻，59頁。この手紙の内容については，既に述べたように自分の政治的関心を両親に隠すためのものであったとの見方もある（参照：谷口廣治『理念と肉体のはざまで――G・ビューヒナーの文学』（人文書院，1997年）100頁）。

117　DKV, Bd. 2, S, 379. 1834年2月の家族宛ての手紙。

118　Vgl. Kurzke, Hermann: a. a. O., S. 436 ff.

119　参照：竹内拓史「父から受け継いだもの受け継がなかったもの――エルンスト・ビューヒナーの鑑定書及びそのゲオルク・ビューヒナーへの影響の考察」（『東北ドイツ文学研究』第61号，日本独文学会東北支部 編，2020年）39－40頁。

　　ぼくは革命の歴史を勉強していたんだ。歴史の恐ろしい宿命に打ち
　　のめされるような気がした。人間の本性は恐ろしいまでに同じだし，
　　人間が置かれている状況には避けがたい力が，誰に限らずすべての
　　人間に加えられている。一人ひとりの人間は波間に浮かぶ泡にすぎ
　　ず，偉人などはほんの偶然の産物，天才の支配は人形劇で，鉄の法
　　則に対する笑止な悪あがきだ。この法則は認識するのがせいぜいで，
　　支配などできはしない。ぼくはもう，歴史に登場する飾りたてた駄
　　馬のような人間にも，罰せられて隅に立たされた人々にも頭を下げ
　　る気にはなれない。ぼくは自分の目を血に慣れさせた。でもぼくは
　　ギロチンの歯ではない。人間は，生まれおちるとすぐ，必然という
　　呪いの言葉のひとつで洗礼を受けた。「罪の誘惑が来るのは避けられ
　　ない。だが，それをもたらす者にわざわいあれ」—という言葉には
　　身の毛がよだつ。ぼくたちのなかで嘘をつき，人を殺し，盗みをは
　　たらいているものは何なのか。[120]

　これほどまでにドイツにおける革命運動実現の不可能性と革命運動そのものの空
虚さを認識していたにもかかわらず，この「宿命論の手紙」を書いた直後にゲオル
クが革命運動を自ら率いた理由については，上述のようにこれまでも様々な議論が
されてきたが，いまだに確たる論は出ていない。だが，それが既にあげた幼い頃に
父エルンストに捧げた選民主義的思想が顕著な作文に書かれた，一般の乗客を見捨
て我先に救命ボートに乗って助かる船長とは正反対の行動であったことは間違いな
い[121]。そして運動への参加は，当然ながら父エルンストとその思想や生き方からの
決定的な決別を意味する。常に体制と折り合いをつけ保身に務め，その中で出世を
遂げた父親の教育のかいもなく，ビューヒナーは自身の命を危険にさらしてまでも
その体制に反旗を翻した。結局その革命運動は失敗するが，創作活動について言え
ば，むしろその失敗を糧にして比類なきものとなった彼の文学作品こそ，父から受
け継いだ分析的思考が結実したものと言えるかもしれない。
　他方兄弟たちと異なり，ルイーゼは英才教育を受けたわけではなかったが，エル

120　DKV, Bd. 2, S. 377. 日本語訳は『ビューヒナー全集』第二巻，67頁。
121　既に述べたように，ゲオルクはこの作文の中で，エルンストの選民主義的とも言える思想におもねるように，
　　難破した船で一般の乗客400人を見捨て真っ先に救命ボートに乗る船長を英雄として描いた（Vgl. DKV,
　　Bd. 2, S. 13 f.）。

ンストの自由主義的思想を兄弟同様色濃く受け継ぎ，女権運動に身を捧げた。確か
に彼女は兄弟たちと異なり，医学や自然科学に関する専門の教育は受けてこなかっ
たが，弟のルートヴィヒが「彼女は，健康には恵まれなかったが，幼少の頃から傑
出した知的才能を開花させ，次第に言語や文学，歴史における稀有な知識の宝庫と
なった」と書いたように[122]，文学や語学を独学で深めたと推測されるその知的好奇
心と知力は[123]，父や兄弟たちに影響を受け彼ら同様社会を極めて分析的・批判的に
観察する能力を養い，彼女を社会変革へと向かわせた。しかも彼女は兄のゲオルク
が持つことがなかった（もしくは捨て去った）父エルンストゆずりの処世術を持っ
ていた。父の持つ処世術はもしかしてゲオルクからすれば単なる自己保身の術にし
か見えなかったものかもしれないが，結果としてその兄の運動が失敗に終わり，遠
く異国の亡命地で死ぬことになったその運命を見たことは，ルイーゼに父同様の保
身的処世術を身につけさせるに十分な理由となったであろう。

　彼女が女性の権利を主張する際に慎重な姿勢をとったのは，それに加え上述のよ
うにルイーゼ以前のドイツにおける女権運動の失敗を教訓にしたからと考えられる
が，父エルンストがフランス革命の話を子どもたちにしていたことを考えれば，兄
のゲオルク同様彼女もフランス革命について独学で学んでいた可能性は考えられて
よいだろう。上にあげたグージュをはじめとしたフランス革命期の女権運動は極め
て斬新かつ闘争的であったが，それゆえの男性からの反発がその挫折のひとつの原
因であったと考えられる[124]。それは右派の男性だけでなく，左派の男性も同様であ
り，その斬新性と闘争性が「自分たちの」革命運動を危険にさらしかねないとして，
彼女たちを黙らせる必要があるとみなされた[125]。ルイーゼが『女性とその仕事』に
おいて，とりわけ男性の立場や領域をはじめとした既得権益を侵さないことを何度
も繰り返したのは，そのフランス革命期の女権運動の挫折を学んでいたからであろ
う。彼女はそこで得た教訓に加え，同じくフランス革命について自ら学びながらも
失敗した兄ゲオルクの革命運動と父親の教訓を，自身の女権運動に活かしたのだ。

122　ルイーゼが亡くなった時に，ダルムシュタット新聞に掲載された追悼文の言葉である。匿名の「x」によ
　るものとなっているが，弟のルートヴィヒによるものと考えられる。昔のダルムシュタット新聞は，ダルム
　シュタット工科大学図書館のインターネットサイトで1777年のものから確認できる（https://tudigit.ulb.
　tu-darmstadt.de/kollektion/zeitungen　2023年8月31日閲覧）。

123　Vgl. LBF, S. 27 f.　ルイーゼが実際にどのような教育を受け，またどのように教養を自ら身につけていっ
　たのか詳しいことは分からない（Vgl. LBF, S.21.）。シャルプフは，ルイーゼは当時の多くの女性同様，14
　歳まで学校教育を受け，その後は公的機関では教育を受けていないと推測し，独学で語学や歴史の知識を深
　めたと推測している（Vgl. LBF, S. 23 ff.）。

124　参照：アラン・ドゥコー上掲書，168－169頁。

125　同上。

結果として彼女は，自然科学と自由主義思想を女権運動という形で融合させ，極めて現実的・戦略的な形で権利運動を推進し具体的な成果を多くあげたビューヒナー家唯一の人物となっただけでなく，19世紀中葉のドイツを見渡しても女権運動で具体的な成果を多くあげた希有な人物となった。

　その一例として最後にもう一点彼女の思想的アクチュアリティをあげるとすれば，彼女が当時既に，家庭と仕事の両立の困難さを認識していたと言われていることである[126]。特に専門的な仕事になればなるほど家庭生活と仕事の両立は困難であることを彼女は当時すでに理解していた。『女性と仕事』の中では触れていないが，その後1875年にスイスに滞在した後に，ルイーゼはスイス初の女性医師マリー・ハイム＝フォークトリンについて触れる中で次のように書いている。

　　　　（フォークトリン家の）二階には居間があり，なかでも私が一番気に入ったのは，夫婦ふたりで一緒に使っている広くて明るい部屋です。書斎です。おそらく私が気に入ったのは，壁一面を飾っている大きな机が，二人で勉強していても隣同士でゆったりと座れるように配置されているからでしょう。私にとってこの机は，男女がいかに対等な知的立場で肩を並べて創作し，仕事をすることができるかを初めて目に見える形で示してくれた象徴なのです。
　　　　さぁ，頭を振ってみてください。これは小説ではありません。私が今語っているのはとてもシンプルな現実なのです！「でも，家事が！でも，子供たちが！」女性の読者が恐怖の叫び声をあげるのが聞こえてきます。前者については安心できます。スイスにはわが国以上に優秀なメイドがいるからです。スイスではドイツほど家事のあれこれにそこまで煩わされる必要はないので，家事に苦しむこともありません。若い夫婦はまだ子供もいませんし。とはいえ後者の点は依然として難しい点であり，このことを否定しようとは誰も思わないでしょう。[127]

　つまり，ルイーゼは，自分の主張が一部は理想であり，実現困難であることもよ

126　LBF, 447 f.
127　Ebd., 447. 括弧内は筆者による。

く認識していたのである[128]。ルイーゼが未婚の女性やブルジョアジーの未亡人だけに職業活動を認めるのではなく，既婚女性も含む女性一般というより広い領域に様々な職業活動を勧めていたことは特徴的であるが，単に勧めるだけにとどまらず，現在も解決されているは言い難いワーキングマザーの二重負担について，既に間接的であるとはいえ取り上げ，その実現困難性を認識していたのは，きわめて先進的な問題提起である。ルイーゼ・ビューヒナーは，ルイーゼ・オットー・ペータースら19世紀の女権運動家と並び，ドイツ初期のリベラル派のリーダー的存在とみなされているが[129]，彼女の現実認識能力の高さに基づくそのアクチュアリティはその中でも特筆すべきものがあると言える[130]。

このように一部は実現困難であるとの認識を持ちながらも彼女が女性の仕事や教育の理想的な姿について繰り返し主張するのは[131]，「自身の理想的な姿を捉えることは，女性を人間としての理想像に引き上げることになる」[132]からである。理想を知らねばそこに到達することはできないという思想のもと，彼女はまず女性の教育・知的水準を男性と同程度に引き上げ，その理想を理解できるための知的教育の必要性を訴えたのである。そのような自身の理想を，例えば上述のように女子の高等学校や職業学校の設立へとつなげたような具体的に現実化する彼女の卓越した能力を培った背景には，エルンストの自由主義的思想と保守的な思想の影響や，兄ゲオルクの急進的な革命運動の失敗の影響があるのは，これまで述べてきたとおりである。そして興味深いことに，その彼女の女権運動のひとつの特徴である処世術を父から引き継いだのは，彼が英才教育を受けさせた息子のゲオルクたちではなく，彼らよりも高度な教育を受ける機会がなく教養も一部独学で身につけざるをえなかった娘のルイーゼであった。その背景に当時の女権運動をとりまく厳しい状況があったことは，想像に難くない。だがゲオルクの革命運動も，彼自身が認識していたように状況は極めて厳しいものだったはずだ。ではその成否をわけたかもしれない処世術を兄弟たちよりもルイーゼが身につけたのは他にどのような理由があったのだろうか。

これは単なる想像からの一可能性に過ぎないが，それはもしかして彼女が兄弟たちと違い高度な教育を受けられなかったことではないだろうか。同じ家族であるに

---

128 Vgl. LBF, 152.
129 Funcke, Liselotte (Hrsg.): Die Liberalen. Frei sein, um andere frei zu machen. Stuttgart, 1984, S. 48.
130 Vgl. Ebd., S. 456.
131 『女性と仕事』は彼女の生前に改訂・増補版が四版まで出版された。
132 FuB, S. 260.

もかかわらず彼らと同じような教育を受けられなかったルイーゼには，教育への切実な思いがあり，その切実さこそが運動実現のためには男性もブルジョワジーも貴族をも味方にするという父親譲りの（もしかして父親以上の）処世術を彼女に身につけさせたのである[133]。その教育を受けたいという切実な思いは，幼いころから英才教育をほどこされてきたゲオルクたち兄弟には決して手に入れられない，ルイーゼだからこそ獲得できたものだったはずだ。だとすれば，ゲオルクの革命運動とルイーゼの女権運動には同様に父エルンストの自由主義的な思想や教育の影響に加え自然科学的視点に基づいた現実主義的な思想や教育の影響があった一方で，その失敗の背景には父による英才教育の存在が，成功の背景にはその英才教育の不在が一因としてあったと言えるだろう。

133　彼女が幼い頃に障害を負ったことや独身であったことも影響している可能性はあるだろう。

1868 年から 1973 年までのドイツ地理誌における日本[1]

ヤグノ・ライク

「日中紛争では，紛争の実際の原因がまだはっきりと認識されていなかった状況で
あったにもかかわらず，当初から日本への共感が支配的であった。東アジアの民族
のうちでも日本人は最も知的で，最もヨーロッパの影響を受け入れており，憲法も
プロイセンの憲法を参考にして作られている。日本の将校はヨーロッパの軍事学に
精通するためにドイツ軍に従軍し，ドイツの参謀将校は日本の陸軍大学校で指導に
あたっていた。〔…〕ドイツ人は中国の機関でも活動してきたし，現在も活動して
いるが，少なくともその任務の一部は果たすことが困難になっている。徐々に，新
たなものへの拒否感や国民性に起因する障害に直面しているのだ。〔…〕しかしい
ずれにしても，日本が朝鮮で優位を獲得し，当地の無秩序状態を終わらせたなら，
それは欧州にとっては概して利益にしかならないだろう。」[2]

　数年前，1894 年の『Göttinger Zeitung（ゲッティンゲン新聞）』のある記事が
目に留まった。その記事は第一次日中戦争について書かれたもので，日本の側に立っ
て直接的に評価するものであった。特に，日本が「最も知的で，最もヨーロッパの
影響を受け入れている」東アジアの国であるという描写は，私の興味を引いた。ゲ
オルク・アウグスト大学を擁するゲッティンゲンは，当時教育の中心地であったが，
それにしても 1894 年にこのような異文化に関する報道がなされたことは，控えめ
に言っても意外なことだったのだ。当時，日本は開国して 40 年ほどしか経ってお
らず，その後の数十年間に日本がアジアで果たすことになる役割の初期段階にあっ
たに過ぎない。にもかかわらず，1894 年のドイツ帝国の新聞がこのような評価を
表明したのはなぜだろうか？ どのようにしてゲッティンゲンというのどかな町の
日刊紙が，日本に関するこのような知識を得たのだろうか。またそのような知識を
提示したことからは，人々が日本についての基礎知識を少なくともある程度は持っ
ていることが推測されうるだろうか。しかもこの遠く離れた国は，ドイツ領土にとっ
ても，後のドイツ帝国にとっても，特に重要ではなかったのだ。

1　本稿は次のドイツ語論文を邦訳したものである。Reik Jagno,「Japan in deutschen geografischen Zeit-
　　schriften zwischen 1868 und 1973」
2　„Der Korea=Krieg.", in: Göttinger Zeitung, 03. 08. 1894.

82

『Göttinger Zeitung』の記事からは，1894年当時ドイツ帝国にはすでに日本に対する具体的なイメージが存在していたことが推測される。そのイメージは広く市民に知られていたに違いない。間違いなく新聞はこれらの情報を伝える最も重要な手段であった。そのため，私はこのテーマに関して未公開の修士論文を執筆し，そこで当時の地理誌の担った役割を調べた[3]。本稿では，その研究の成果をさらに詳しく述べたい。日本研究においては，明治期におけるお雇い外国人の果たした役割については，すでにいくつかの研究がなされているが，旅行雑誌[4]というメディアのジャンルは，文化雑誌のサブジャンルとしてこれまでほとんど注目されてこなかった。しかし，旅行雑誌は「異文化との出会い」を考える上で重要なファクターであり，ドイツ帝国における日本認識に影響を与えただけでなく，日本渡航前の多くのお雇い外国人に，後に訪れることになる国についての第一印象を与え，その後の直接接触時における彼らの第一印象や行動に変化を及ぼした。

　文化の交わりは境界面だけでなく他の場所でも起こる。本稿では，いわゆる文化雑誌をその例として紹介する。これらの雑誌は広範な市民を対象としており，国家の決定にも影響を与えた。

　一般的に，この時期にメディア革命が起こったと言われる。1874年の報道法の自由化によってメディアは経済的により独立した地位を築き，これにより政治と民衆の中間権力としての新たな自己価値観が生まれた。特にドイツ帝国でスキャンダルが発覚した際には，メディアはますますその役割を明確にすることができるようになった。政府はメディアの関心に積極的に応え，彼らと関わることを余儀なくされた[5]。

　このように報道の質が向上すると同時に，コミュニケーションの場も変化した[6]。都市化が進むと共にメディアが対象とする読者層も変化した[7]。以前は新聞や雑誌は社会的差異に基づいて特定の社会階層に向けて作られていたが，今ではあらゆる社

3　„Zwischen Eulenburg-Expedition und japanischer Verfassung" - Japan in den deutschen geografischen Zeitschriften des neunzehnten Jahrhunderts, Göttingen 2012" der Philosophischen Fakultät, Fach Mittlere und Neuere Geschichte, der Uni Göttingen vorgelegt.

4　特に以下と比較されたい：Dürbeck, Gabriele: Populärwissenschaftliche Strategien in der Darstellung der Südsee, in: Wolfschmidt, Gudrun (Hg.): Popularisierung der Naturwissenschaften. Herausgegeben anläßlich des 40jährigen Jubiläums des Instituts für Naturwissenschaften, Mathematik und Technik der Universität Hamburg. Berlin, Diepholz 2002, S. 205-210.

5　Schulz, Andreas: Der Aufstieg der „vierten Gewalt". Medien, Politik und Öffentlichkeit im Zeitalter der Massenkommunikation. In: Historische Zeitschrift 270 (2000), S. 65.

6　Kohlrausch, Martin: Der Monarch im Skandal. Die Logik der Massenmedien und die Transformation der wilhelminischen Monarchie, Berlin 2005, S. 51-52.

7　Ebd., S. 51-52.

会階層の人々を対象にしている。

　日本について報道したドイツの文化雑誌は数多くあった。本稿では，2 つの地理誌について詳細に検討したい。ひとつは『Das Ausland（外国）』で，1828 年から 1893 年まで南ドイツのミュンヘン，アウクスブルク，シュトゥットガルトで発行された日刊紙であり，後に週刊誌となった。もうひとつはブラウンシュヴァイクの『Globus（世界）』で，1862 年に創刊され瞬く間に当時最も広く読まれた地理誌のひとつになった。1893 年に，『Globus』は廃刊となった『Das Ausland』を吸収した。『Globus』は 1910 年まで発行された。1855 年に創刊された『Mittheilungen aus Justus Perthes' Geographischer Anstalt über wichtige neue Erforschungen auf dem Gesammtgebiete der Geographie von Dr. A. Petermann（A. ペーターマン博士による地理学全般における重要な新発見についてのユストゥス・ペルテス地理研究所からのレポート）』（略して『Petermanns Mittheilungen（ペーターマン・レポート）』と呼ばれることもある）と並んで『Das Ausland』と『Globus』は当時最も重要な地理誌であり，宣教雑誌のような専門的な文献や OAG のような日本で活動する団体のレポートとは対照的に，教養ある市民階級全体に影響力のある雑誌だった。今日的観点から見れば，「主流」という言葉を使うことができるだろう。これらの雑誌は，旅行記，各国の説明，対象国の文化や経済，政治に関する調査やニュースに重点を置いていた。このように，雑誌は 19 世紀の言説を反映し，それを形成し，しばしば新聞記事のひな型となった。

1. 雑誌『Das Ausland』

　雑誌『Das Ausland』は，その長い発行期間から，雑誌『Petermanns Mittheilungen』と並んで 19 世紀における最も重要な大衆向けの地理誌とみなされている。この雑誌は 1828 年，J. G. コッタ書店のミュンヘン支店から創刊された。責任者はヨハン・フリードリヒ・フォン・コッタであった。当初は『Foreign Quarterly Review（外国季報）』をモデルとして二つの文化論評誌を作ることが目的であった[8]。『Das Inland』がドイツ地域の文化に関する話題を扱うのに対し，『Das Ausland』はドイツ域外の話題を扱う予定だった。『Das Inland』はすぐに廃刊と

8　Mehr, Christian: Kultur als Naturgeschichte. Opposition oder Komplementarität zur politischen Geschichtsschreibung 1850-1890, Berlin 2009, S. 113.

なったが，『Das Ausland』は 1893 年まで刊行された[9]。『Das Ausland』は『Ein Tageblatt für Kunde des geistigen, politischen and sittlichen Lebens der Völker außerb Deutschland, mit besonderer Rücksicht auf verwandte Erscheinungen in Deutschland（特にドイツと関連するできごとに焦点をあて，ドイツ以外の国々の人々の精神的，政治的，倫理的側面に関する情報を提供する日刊紙)』というタイトルで創刊され[10]，1853 年まで週 6 回，毎回 4 ページで発行された。

　しかし雑誌の当初の内容や方向性は，後の評判とは合致しなかった。フォン・コッタを中心とする創刊者たちは，地理学は理論的すぎると考えていたため，当初は主にヨーロッパ諸国の小説，歴史，経済学，民族学を扱っていた[11]。雑誌には明確な目的があり，それは広く大衆にも理解できる文章で，素人と専門家を仲介することであった。この目的を達成するために，雑誌の 4 ページには，数号にわたって掲載されるかなり長い記事もあった。これらの記事には，オリジナルの記事に加え，書籍や論文からの抜粋，国際的な専門誌からの翻訳記事も含まれていた。1835 年以降，雑誌の射程は広がり，中央ヨーロッパや西ヨーロッパに関する記事は，東ヨーロッパや英語圏の植民地に関する記事に取って代わられた。これは『Das Ausland』が取りあげる英語雑誌の数が着実に増加したためである[12]。

　50 年代半ば，雑誌のイメージが変わった。アレクサンダー・フォン・フンボルトの著作に刺激され，雑誌の内容は自然科学，特に地質学へと変化していった。この変化により，雑誌のタイトルも『Kunde des geistigen und sittlichen Lebens der Völker（諸民族の精神的および道徳的生活について)』に変更された。この変更の結果，誇らしいことに，同誌は 1860 年にヨーロッパで初めてダーウィンの学説を記事にした雑誌となった。これはダーウィンの学説の長所と短所を指摘する中立的な報道だったと言われている。自然科学への関心がますます高まると共に，1865 年に再び雑誌のタイトルが変更され，それ以降は『Ueberschau der neuesten Forschungen auf dem Gebiet der Natur-, Erd- und Völkerkunde（自然科学，地球科学，民族学の最新研究の概観」)』というタイトルで発行されるようになった。このタイトルのもと，『Das Ausland』は地理学や物理学，生物学，生理学，

9　Estermann, Alfred (Ed.): Die deutschen Literatur-Zeitschriften 1850-1880. Band 1, München 1989, S. 203.
10　Ebd. 204.
11　『Das Ausland』創刊 50 年の歴史を参照：Ausgabe 1877, Das fünfzigjährige Bestehen des „Auslands.", Ein Rückblick, in: Estermann, Alfred (Hg.): Die deutschen Literatur-Zeitschriften 1850-1880. Band 1, München 1989, S. 203-211. insbesondere S. 204.
12　1850 年から 1860 年にかけての『Das Ausland』の さらなる発展を参照。Ebd., S207.

天文学などの自然科学を扱う雑誌へと変貌を遂げた。

　テーマの変更と同時に，雑誌は日刊から週刊に変わった。当時の郵便や印刷業界の制約から，日刊誌の大部分は週に 1 回しか発送されず，6 号まとめて読者の手元に届いた。そのため，この変更によって雑誌に問題が生じることはなかった[13]。

　1980 年代までの間，一般の雑誌市場は非政治化の道をたどった。『Das Ausland』の編集者は，この状況を次のように表現している：「〔・・・〕『Das Ausland』が精通しているのはただひとつの分野，すなわち科学の分野だけであり，『Das Ausland』が従うのはただひとつの旗印，すなわち真理の旗印だけである。」[14] この雑誌は 1893 年まで存続したが，その後『Globus』に統合された。

2.　雑誌『Globus』

　『Globus』は地図製作者であり地理学者でもあったカール・アンドレーによって，1862 年に『Illustrierte Zeitschrift für Länder- und Völkerkunde. Chroniken der Reisen und Geographische Zeitung（国と民族に関する図解入り雑誌。旅行年代記と地理学ジャーナル）』というタイトルで，ブラウンシュヴァイクで最初に出版された[15]。この出版社は，フランスの雑誌『Le Tour du Monde, nouveau journal des voyages（世界旅行，新しい旅行ジャーナル）』の版権を獲得し，そこに掲載されている図版を自社の雑誌に活用する方法を模索していた[16]。そのため『Globus』は，『Le Tour du Monde』をモデルに，海洋と陸上の旅に焦点を当てた地理誌として構想されていた。同時期に刊行されていた雑誌『Das Ausland』は，地理学と民族学を中心とした大衆科学雑誌へと変貌を遂げつつあったが，『Globus』は地理誌の中のニッチを開拓した。アンドレーの地理誌『Globus』は，『Das Ausland』とは対照的にテーマが幅広く，図版を多用し，広範な人々を対象にしていた。

　『Globus』の理念は，早々に地域研究や民族学に関する記事に重点を置く方向に発展していった。このような考え方の変化により，次第にフランスをモデルとしたものから離れていった。フランス語からの単純な翻訳ではもはや不十分であったため，新たに書かれたテキストの必要性着実に高まっていった。この目的のために

13　Vgl. Vorwort „Das Ausland – 1852" in: Estermann, Alfred (Hg.): Die deutschen Literatur-Zeitschriften 1850-1880. Band 1, München 1989, S. 203-211, S. 201.

14　Vorwort „Das Ausland – 1877", in: ebd., S. 211.

15　Ebd., S. 350-351.

16　Vorwort „Globus - Band 1861/1862", in: ebd., S. 351-353.

『Globus』は大量の投稿を利用することができたが，雑誌の基準に合致しないことも多かった[17]。

これは大問題だった。というのも，『Globus』は学術誌としてではなく，幅広い読者に興味を持ってもらうための大衆向け科学誌として設計されていたからである。そのため，文章はシンプルで分かりやすく，専門用語や複雑な表現をできるだけ排除し，特に感覚的なイメージにより理解される必要がありました[18]。こうして『Globus』は，全盛期には発行部数5,000部に達した。

『Globus』の背景にある主要な学問は文化人類学[19]であり，その意図は諸民族の生活における心理現象を理解し，それをヨーロッパと比較することであった。それぞれの国の発展を内側から理解することが目的だった。ただしその際，対象としている民族の能力の範囲内でのみ評価がされた。家庭内で非政治的媒体として読まれることが目標であったにもかかわらず，『Globus』の記事には潜在的な親植民地主義的基調があったのだ。

『Globus』は1860年代に年2回,それぞれ12冊ずつ発行され,発行部数は4,000部だった[20]。この雑誌は1910年まで,最終的には『Illustrierte Zeitschrift für Länder- und Völkerkunde mit besonderer Berücksichtigung der Anthropologie und Ethnologie（人類学と生態学を特に考慮した地理学と民俗学の図解入り雑誌）』というタイトルで発行された。

3. 雑誌の中の日本

日本に関する報道の始まりを検証する際，19世紀の3つの段階が確認できる。

17　Vorwort „Globus - Band 1861/1862", in: Estermann, Alfred (Hg.): Die deutschen Literatur-Zeitschriften 1850-1880. Band 2, München 1989, S. 351.

18　Dürbeck, Gabriele: Die Verbreitung der Ethnologie in der Zeitschrift Globus (1862-1910). Populärwissenschaftliche Strategien in der Darstellung der Südsee, in: Gudrun Wolfschmidt (Hg.): Popularisierung der Naturwissenschaften. Herausgegeben anläßlich des 40jährigen Jubiläums des Instituts für Naturwissenschaften, Mathematik und Technik der Universität Hamburg. Berlin, Diepholz 2002, S. 209.

19　『Globus』の方針も参照。Dürbeck, Gabriele: Populärwissenschaftliche Strategien in der Darstellung der Südsee, in: Wolfschmidt, Gudrun (Hg.): Popularisierung der Naturwissenschaften. Herausgegeben anläßlich des 40jährigen Jubiläums des Instituts für Naturwissenschaften, Mathematik und Technik der Universität Hamburg. Berlin, Diepholz 2002, S. 205-210.

20　Vgl. Dürbeck, Gabriele: Populärwissenschaftliche Strategien in der Darstellung der Südsee, in: Wolfschmidt, Gudrun (Hg.): Popularisierung der Naturwissenschaften. Herausgegeben anläßlich des 40jährigen Jubiläums des Instituts für Naturwissenschaften, Mathematik und Technik der Universität Hamburg. Berlin, Diepholz 2002, S. 205-210.

それは下記のように要約することができる。

　1860 年にプロイセンと日本が接触し，それと共に報道の第一段階が始まった。フリードリヒ・アルブレヒト・ツー・オイレンブルク伯爵率いる「プロイセン東アジア使節団」が 9 月に日本に上陸した時のことである。この出来事がプロイセンと日本の公式な関係の始まりとなった。1861 年 1 月 24 日には両国間で「友好通商航海条約」が締結された。明治維新と西南戦争の結果，転機が生じた。第二段階の区切りとして私は 1868 年から 1877 年までの期間を選んだが，それは明治時代初期の変革に関連して新しい日本のイメージが形成される必要があったからである。明治維新による変革に伴い，日本はより積極的に対外的にアピールするようになった。これが報道の第三段階の一つであり，最終的には 1889 年に大日本帝国憲法が発布され頂点に達した。この時が，19 世紀におけるドイツと日本の関係が最も高まった時期と見做すことができる。バイエルン出身のヘルマン・レースラーが憲法の起草に重要な役割を果たしたからである。

　本稿では，1868 年から 1877 年までの第二期を詳細に検討する。その際，いくつかの時期に分けて分析を行い，それらの時期の地政学的な根拠について述べる。

4. 1868 年から 1871 年の報道

　明治維新が始まった 1868 年は，日本人にとって劇的な変化をもたらしただけでなく，ドイツの新聞にも日本に対する再評価をもたらした。日本に対するイメージは，その数年前からすでに転換していたが，明治維新により，日本は外国人に対してより開かれた姿勢を取り，その結果海外においても日本に関してより詳細な報道を行うことが可能になった。

　『Globus』は 1869 年に最初の記事を公表した。江戸という町とその住民についての説明が 3 回に分けて掲載された。この記事には，当時すでに町の名前が東京に改称されていたことは記されていない[21]。記事は，日本人を「高潔で」，「知的で」，「活力があり」，「才能に恵まれた」文化を持つと描写し，文化的な民族であると正当に評価している[22]。このような記述は，日本に対する通常の描写から逸脱してお

21　„Spaziergänge in der japanischen Hauptstadt Yeddo", in: „Globus - 1869". Band 16, Ausgabe 12, S. 177-182.
22　Ebd., S. 177.

り，日本文化により多くの注意が払われるようになった。日本の市場システム[23]に関する短い解説に加え，日本文化の特徴も紹介された。しかし，一般的には日本に対してより肯定的な見方があったこととは裏腹に，欧米と比較した日本人の弱点が，ことあるごとに読者に示された。例えばこの著者は，日本の未発達の新聞では政治風刺を理解できないだろうと述べている。宗教に関しても問題点を指摘している[24]。また著者は，日本の演劇に注目し，独創性に欠け，中国の影響を強く受けているとも述べた。日本人のような「才能豊かな民族」には中国の模倣は必要ないという評価は，著者と雑誌がこの国をどのような方向性で描こうとしていたかを示している[25]。

　この1年後，日本に関するこれらの考察は，同タイトルのさらに3部からなる記事が公開されて完成した[26]。この記事では，最初の記事に比べて否定的な指摘はかなり少なくなり，日本に対するイメージは全体的により肯定的なものとなった。例えば，「特に小物類は日本人の技術力を証明している」というオイレンブルク使節団の一員の意見が引用されている[27]。この点は『Globus』にとって特に重要であった。それまでの号では，日本との貿易や日本からの商品を輸入することについて，その実際的な理由を示すことがまだできていなかったからである。それと関連して，紙の製造と日本の磁器が取り上げられた。『Globus』の記事は，日本の裁判制度を紹介することで締めくくられ，厳しいが公正であると描写された。これらの記述によると，日本では罰金刑はないが，その理由は罰金を課されると金持ちよりも貧乏人の方が支払いに困るからだという。一方，体罰はすべての階級に等しく課されるため，日本人の理解では公平であるとされた。最も厳しい罰を受けるのは役人であり，職務中の過ちが立証された場合，裁判所から有罪判決を受ける可能性もあったという[28]。

　町よりも日本人の文化についてより多くの紹介をした江戸からのこの記事と合わせて考察しなければならないのは，1870年に書かれた4部構成の『Mitteilungen aus Japan（日本からの報告）』である[29]。この2年間に雑誌『Globus』の読者に明

23　Ebd., S. 181.
24　Vgl. Kommentare zur Teufelsdarstellung: „Spaziergänge in der japanischen Hauptstadt Yeddo", in: „Globus - 1869". Band 16, Ausgabe 13, S. 198.
25　Ebd., S. 211.
26　„Spaziergänge in der japanischen Hauptstadt Yeddo", in: „Globus - 1870". Band 18, Ausgabe 12-14, S. 177-183, S. 193-198 und S. 209-215.
27　„Spaziergänge in der japanischen Hauptstadt Yeddo", in: „Globus - 1870". Band 18, Ausgabe 13, S. 188.
28　Ebd., S. 195.
29　„Mitteilungen aus Japan", in: „Globus - 1870". Band 17, Ausgabe 14-17, S. 209-215, S. 225-230, S. 241-

白に形成されたイメージは，この記事の著者が日本の神話と祭りに関連して日本人についてくだした判断と対応している。つまり，日本人は遊び心があり迷信深い民族であり，多くの祭りを祝い，人生を楽観的にとらえているが，同時に古代の儀式とは決別し，単にカリカチュアとして尊重していると読者には見えなければならなかったのである[30]。このような主張は，日本人の楽しみや迷信に重きを置きながら，日本人との交易がもたらす経済的利益についてはほとんど，あるいはまったく情報を提供しない 3 つの記事すべてから明らかである。この文脈では，先進国である欧米が，発展途上国を子供のように教育しなければならないというイメージがぴったりである。迷信や遊び心は子供によく見られる特徴であるが，彼らは徐々に成長し，最終的に大人の社会に受け入れられるために，このような特徴は捨てなければならないのである。

　『Das Ausland』もこのような記事に類するものでる。1869 年から 1871 年にかけて，『Das Ausland』は 9 本の記事を掲載したが，そのうち 3 本は旅行記や外国に関する報告だった。1869 年の記事は『Our Life in Japan（日本での生活）』という本の一部を使用し，特に宗教的で迷信的な日本について述べている[31]。

　これら 3 本の旅行記や外国の報告におけるそれ以外の日本の記述は，以前の外国に関する報道と比べてはるかに肯定的であり，記事の筆者は日本の状況に理解を示している。例えば筆者は次のように主張する。日本が開国を拒否したのは，自国の資源の有限性を不安視したからである。これは間違いではあるが，この「慎重さ」は偉大な文化国にふさわしいと[32]。それどころか著者は日本人をヨーロッパ人と同等に描き，さらに一部では特にイギリス人よりも優れていると描写した[33][34]。

　しかし，日本についての肯定的な言葉がある一方で，やはり依然として多くの否定的な主張も存在していた。例えば，日本は美しい国だが，排外主義的勢力によりヨーロッパ人が殺害されるという問題も存在しているという主張がそれにあたる[35]。

---

248 and S. 257-262.

30　„Mitteilungen aus Japan", in: „Globus - 1870". Band 17, Ausgabe 15, p. 225. und „Mitteilungen aus Japan", in: „Globus - 1870". Band 17, Ausgabe 17, S. 262.

31　„Bruchstücke aus Jephsons and Elmhirts ‚Our Life in Japan'", in: „Das Ausland - 1869". Ausgabe 28, S. 665-667.

32　Fünf Jahre auf einer Reise um die Erde. 2 Wanderungen in Japan, vornehmlich auf Jesso", in: „Das Ausland - 1870". Ausgabe 16, S. 369-374.

33　Ebd., S. 371.

34　„Bruchstücke aus Jephsons und Elmhirts ‚Our Life in Japan'", in: „Das Ausland - 1869". Ausgabe 28, S. 665.

35　Ebd., S. 665.

　これらの報告は，日本におけるキリスト教[36]と日本の鉱物資源の豊かさを扱った2つの記事によっても裏付けらました[37]。キリスト教に関する記事では，外国の組織によって日本で布教活動がなされることに対する危険性が指摘されているが，これは「ドイツ以外」による布教への明確な批判と見るべきだろう。日本の鉱物資源の豊かさに関する記事は，日本が豊かな資源を持っているにもかかわらず，それを実際には活用していないという既に以前からある認識と関連づけることができる。1870年に『Globus』が連載記事を掲載した祭りについても，その一年後に『Ausland』が言及している。その記事では，祭りを描写して，日本人の異質性とエキゾティシズム，子供のような素朴さが強調された[38]。

　オイレンブルク使節団の成功によって始まった『Globus』による肯定的な報道は，結局1869年から1871年まで続いたことが見て取れる。オイレンブルク使節団の後，『Das Ausland』も『Globus』ほどではないが，徐々に肯定的な報道に変わっていった。双方の報道により，維新後の日本はそれ以前よりも自由であり，西欧諸国に近づく最初の国であるというイメージが描かれたのだ。それまでは，日本と西欧の関係を阻む主な問題は迷信と幼稚とも言える素朴であったが，それらはヨーロッパ人が教師として触れあい助けることで解決できるとされた。新たな開放により，日本はヨーロッパ人にとって経済的にも興味深い国になる可能性があることが強調された。だがこれに関しては，各誌はそれぞれ異なる側面を強調した。『Globus』にとっては，何よりも潜在的な貿易商品が重要視されたが，これは同時に一般家庭の読者層にとっても興味深いものであった。『Das Ausland』は，経済的側面により関心を持つ一般市民を対象にしていたため，日本には莫大な鉱物資源があるものの，その技術力の低さゆえに，これまでごくわずかしか採掘できておらず，まだほとんど利用できていないことを説明した。『Globus』では外国人に対する迫害の問題はあまり取りあげられていないが，『Das Ausland』では，この迫害の原因は強力で稚拙な宣教活動にあるとされている[39]。その記事によれば，積極的な布教活動は国内での外国人嫌悪を増大させ，経済的利益を損なうものであり，貿易業者と宣教師の協力関係は再考されなければならなかった。

　この時初めて，日本に関する報道で人種と階級に関する言説が登場したことは特

36　„Das Christenthum auf Japan.", in: „Das Ausland - 1869". Ausgabe 14, S. 328-332.

37　„Mineralischer Reichthum Japans.", in: „Das Ausland - 1869". Ausgabe 15, S. 359-360.

38　„Fünf Jahre auf einer Reise um die Erde. 2 Wanderungen in Japan, vornehmlich auf Jesso", in: „Das Ausland - 1871". Ausgabe 32-34, S. 550-754, S. 778-783 und S. 802-904.

39　„Das Christenthum auf Japan.", in: „Das Ausland - 1869". Ausgabe 14, S. 330.

筆に値する。この議論は『Das Ausland』でのみなされ，6 本の記事のうち 2 本で取りあげられた。ひとつは，日本の先住民族であるアイヌについての記事である。この記事に関連して，日本人はモンゴル人の遠い親戚にも位置づけられた[40]。

5. 1872 年から 1874 年 — 日本の表現戦略

　1871 年 12 月 23 日，日本の対外政策に大きな一歩が踏み出された。新たに外務卿兼右大臣に任命された岩倉具視の指揮の下，4 人の政治家と多くの日本人学生を含む一団が国外に派遣された[41]。彼らはドイツを含む国々に到着し，この視察については新聞で広く報道された。

　こうした日本への熱意は，1872 年から 1874 年にかけての地理誌にも反映されていた。この時期の『Globus』誌の主要な記事は，日本人の精神的気質と道徳的性格に関するモーニッケの 1872 年の記事であった[42]。彼は，ベルリンに留学している日本人が，日本人の勤勉さだけでなくその優れた知性の証明であるという意見であった[43]。モーニッケは特に数学に日本人の長所を見いだしていた。また彼は，肉体よりも精神に重きを置く日本人を高く評価していた[44]。これらの全ての資質において，中国人と比して日本人はより優れているとこの著者の目に映っていた。また彼によれば，中国人自身もすべての面で日本人に劣っていることを認めていたという[45]。彼は，道徳的にも日本人は他のアジア人よりはるかに優れていると考えていた[46]。キリスト教徒への迫害についても，モーニッケは肯定的な印象を伝えようとした。これは日本人の「愛国心」や「忠誠心」，「勇気」を示すものだと彼は述べたのである。当時彼は，ヨーロッパでイギリスが果たした役割を，日本が数年後にはアジアで果たす可能性があると考えていた[47]。日本人がまだその地位を獲得していない理由は，幕府の鎖国政策を敷き，アジアで最も発展した民族の知的発展を妨害

40　„Fünf Jahre auf einer Reise um die Erde. 2 Wanderungen in Japan, vornehmlich auf Jesso", in: „Das Ausland - 1870". Ausgabe 16, S. 369 and 371.
41　Zöller, Reinhard: Geschichte Japans. Von 1800 bis zur Gegenwart, Paderborn 2006, S. 203.
42　„Otto Mohnicke über die geistigen Anlagen und den moralischen Charakter der Japaner", in: „Globus - 1872". Band 22, Ausgabe 15-16, S. 220-222 and S. 237-239.
43　„Otto Mohnicke über die geistigen Anlagen und den moralischen Charakter der Japaner", in: „Globus - 1872". Band 22, Ausgabe 15, S. 220.
44　Ebd., S. 221.
45　Ebd., S. 221.
46　Ebd., S. 222.
47　„Otto Mohnicke über die geistigen Anlagen und den moralischen Charakter der Japaner", in: „Globus - 1872". Band 22, Ausgabe 16, S. 239.

したことにあると考えていた[48]。このような評価は，著者個人の見解というよりも，読者に対して日本を肯定的に見せることにメディアが関心を持っていたことを示している。日本が突如として潜在的な同盟国となったことで，市民階級がこのパートナーシップを支持する準備を整える必要があったのだ。

　従って，以下の『Globus』の報道も同様であり，「我々が日本人に好意を抱いていることを認めよう」[49]という発言は，さほど驚くべきことではない。

　これら一連の記事に共通しているのは，日本に対する大きな評価と期待が認められるということである。しかし同時に，『Globus』が日本をすでにヨーロッパと同じレベルに置いていると思い違いをするのは禁物である。このことは，ウォリスの旅行記から明らかになる。彼はそこで，日本の経済を「素晴らしく単純」で「原始的」で「機敏さに欠ける」[50]と描写している。日本は確かに急速な発展を遂げている国ではあったが，ヨーロッパの大国の地位に達するはまだほど遠い国であることは，この時期の『Globus』が暗示していたところである。むしろ日本はヨーロッパの手により形作られねばならないし，それがドイツによってであるならばそれが最も良かったのだ。このことは，1872年から1873年にかけて『Globus』に掲載された他の3つの記事からさらに明らかになる。「Culturbestrebungen in Japan（日本文化の努力）」[51]と「Abermals Culturfortschritte in Japan（日本文化の再進歩）」[52]と題されたこれらの記事は，日本のさらなる発展を煽情的に描写している。そこでは特にグレゴリオ暦の導入と髪形の西洋化が賞賛されていた[53]。しかし特に興味深いのは，ドイツ人が日本の発展に直接的な影響を与えた事例である。例えば，日本の医療制度に関する記事がそうである。この記事では，ドイツ語がこの分野で特に広く使用されていることが誇らしげに語られている[54]。『Globus』の記事では，さらに2つ興味深い事実がある。一点目は，日本人の由来はウラルアルタイ語族のモンゴル人に違いないということに賛同していることである[55]。二点目は，初めて日本がヨーロッパのいくつかの国より上位に位置づけられていることである。しかし

48　„Otto Mohnicke über die geistigen Anlagen und den moralischen Charakter der Japaner", in: „Globus - 1872". Band 22, Ausgabe 16, S. 237.

49　„Die Reformen im japanischen Reiche.", in: „Globus - 1872". Band 22, Ausgabe 8, S. 124.

50　Ebd., S. 362.

51　„Culturbestrebungen in Japan.", in: „Globus - 1872". Band 21, Ausgabe 10 und 16, S. 156-158 und S. 249-251.

52　„Abermals Culturfortschritte in Japan.", in: „Globus - 1873". Band 23, Ausgabe 8, S. 119-121.

53　Ebd., S. 120.

54　„Culturbestrebungen in Japan.", in: „Globus - 1872". Band 21, Ausgabe 16, S. 249-251.

55　„Die Reformen im japanischen Reiche.", in: „Globus - 1872". Band 22, Ausgabe 8, S. 124.

ながらヨーロッパのどの国より発展しているのかは言及されていない[56]。

　この時期の編集チームの方針は，全体として容易に理解できる。編集局が地理的にベルリンに近かったため，日本との協力体制構築の可能性に対してポジティブな雰囲気を作る必要があった。また，過度にネガティブな報道によって，政府から日本に派遣される教育者候補が怖じ気づいてしまうことを避けねばならなかった。従って，報道の方針変更は理にかなっていた。

　『Ausland』は 3 年間にわたって同じ方針で報道を続けた。例えば日本人の起源に関する問いが検証された。その著者は，日本人は中国人とは血縁関係になく，フィンランド系モンゴロイドに期限があると確信していた[57]。すでに『Globus』で述べられていたように，『Ausland』でも日本は独力で西洋文化圏に参入した最初の非ヨーロッパの国として紹介された。しかしこの発展は単独で完結するものではなく，日本が形作られるのをヨーロッパが支援しなければならないことがこの記事では強調された[58]。さらに，『Globus』と同様に『Ausland』でも，ドイツの影響を示すことが重視された。例えば，ある日本の校長は，ドイツ語で来訪者とコミュニケーションをとることができると賞賛された。

　結局，岩倉使節団と 1873 年のウィーン万国博覧会への日本の参加は目的を達成したと考えられる。これらの出来事やそれに伴い日本のイメージが変化したことにより，両雑誌の報道も一変した。両誌により，ついに日本はアジアにおける肯定的な例として取り上げられるようになった。このような状況になったのは，日本の積極的なイメージ発信により，報道に対して人々が期待するようになったことが理由だろう。印象的なのは，日本人のナイーブさへの言及が依然として報道の大部分を占めていたことである。しかし，数年前の報道でよく言及されていた迷信については，もはやまったく言及されなくなっていた。同時に，日本の軍隊はドイツの基準に影響を受けており，潜在的な同盟国とされた[59]。

　しかしこの文脈で注意すべきは，雑誌で強調された日本の文化的進歩はドイツの関与により達成されたものであり，日本の真の文化的進歩と同義ではないことだ。1860 年代には，日本はまだ異なる文化圏であり，それゆえ文化もまた異なるもの

56　„Culturbestrebungen in Japan.", in: „Globus - 1872". Band 21, Ausgabe 10, S. 249.
57　„Japan und seine Literatur", in: „Das Ausland - 1873". Ausgabe 38, S. 741-746.
58　„Das alte Japan. Von Robert Rösler.", in: „Das Ausland - 1873". Ausgabe 7, S. 121-124. Hier insbesondere S. 121-122.
59　„Japan einst und jetzt.", in: „Das Ausland - 1873". Ausgabe 18, S. 351.

94

であると考えられていたため[60]，日本文化への西洋文化の押しつけが進歩とみなされていたのである。

　日本に関する報道に関連して，市民階級とドイツの報道機関の方向転換が起こったと言っていいだろう。それまで主要な関心事であった経済的な話題は，『Ausland』では日本の鉱物に関する記事でしか扱われなくなった。その代わりとして日本を文化的な国であるとか，ヨーロッパ，特にドイツに影響を受けたアジアの同盟国であるといったトピックに関する報道が増えた。特にアジアにおけるイギリスという日本描写は，ドイツにとって日本が望ましい同盟国である見なされる一因となったと考えられる。これは特に，そのような同盟国であれば，イギリスから一部の植民地を奪うことができるかもしれないという期待から生じたものである。

6. 1875 年から 1877 年 ― 明治時代の最初期の終わり

　岩倉使節団と万国博覧会により，ヨーロッパ諸国は日本に注目するようになり，それらと関連した多くの記事が書かれた。その後数年間は，ドイツのメディアの日本への関心は著しく低下した。このことは特に，1875 年から 1877 年にかけて『Globus』紙に短い記事がわずか 2 本しか掲載されなかったことから理解できるだろう。一方，『Das Ausland』は報道を続け，その 3 年間に，ほとんどが短いものではあったが，10 本もの日本に関する記事を掲載した。しかし，これらの記事が複数号にわたって掲載されることはほとんどなく，1872 年から 1874 年にかけての報道規模には達しなかった。

　『Das Ausland』で最も興味深く，最も異色だったのは，「Aus der Mythenwelt der Japaner（日本の神話の世界より）」という記事だった[61]。この記事は，北尾次郎という日本人がドイツ語で書いたもので，70 年代半ばに日本人がヨーロッパ社会で受けていた評価を示すものだった[62]。これは 2 つの文化雑誌において，日本在住者が日本人の視点から書いた初めての記事だった。日本人が自国について書くことが許されたということだけでも，この記事は絶対的な希少価値を持っていた。しか

60　„Neuere Mittheilungen über Japan und über die Ermordung des Regenten in Jeddo", in: „Das Ausland – 1861". Ausgabe 15, S. 349.
61　„Aus der Mythenwelt der Japaner. Von Diro Kitao", in: „Das Ausland – 1875". Ausgabe 46-48, S. 905-907, S. 937-940 und S. 949-953.
62　著者と編集者の意図については脚注 1 を参照。In: „Aus der Mythenwelt der Japaner. Von Diro Kitao", in: „Das Ausland – 1875". Ausgabe 46, S. 905.

もこの記事は，5 年前にはまだ日本について強い否定的な報道をしていた雑誌『Das Ausland』に掲載されたのである。記事の序文で，出版社が基本的には必ずしも北尾の意見を支持しているわけではないことがはっきりと述べられ，それに続いて天皇に関する起源神話と日本人の神話世界とが北尾によって紹介されている。彼の結論は，伝説や神話の起源はインド・ゲルマン系にあり，日本人はそこから派生した人種に違いないというものだった [63]。北尾によれば，日本人はヨーロッパ人と親戚関係にあることになる。具体的には，特に日本の神々と北欧の神トールに関連性を見いだし，日本人と北欧の人々との血縁関係が推測された。このような議論により北尾が，ヨーロッパの文化的民族と日本人との近接性を示すと同時に，ヨーロッパから見れば劣っているとされるアジア文化から日本を分離させたかったと考えられるが，それは驚くことではない。『Das Ausland』を発行していたヨーロッパ人たちは，それまでも日本をモンゴル系に分類していた。彼らは基本的には，日本人が文化人としてヨーロッパ人と同じレベルに早々に置かれることにあまり関心がなかったのだろう。だからこそ，彼らの雑誌がこの記事にスペースを割いたことは，特別な意味を持っていると見なすべきだろう。このことは，読者にとってはすでに日本人が相対的意義を有していたことを示している。

　このように，1875 年から 1877 年にかけてのヨーロッパでは，日本に対する熱狂は依然として大きかったが，それまでの数年間の集中的な報道により，新しい資料はほとんどなかった。それにもかかわらず，いや，それゆえにこそ，初めて日本人が発言する機会が与えられたのである。しかしその数年の報道は以前より目的が明確はなかった。そのため，具体的な目標が追求されることがあまりなく，読者の興味を満たすことが最優先されたと結論づけることができるだろう。

7．結論

　報道の第一段階では，日本はまだエキゾチックな未知の国であり，世界政治における役割もまだ不明瞭であったが，本稿で考察した第二段階の主要な報道では，そのような状況は劇的に変化した。国内での変化の結果，日本はポジティブなイメージを広め，独立を失う危険を軽減するために，パブリック・イメージ・キャンペー

63　„Aus der Mythenwelt der Japaner. Von Diro Kitao“, in: „Das Ausland – 1875“. Ausgabe 46, S. 907 und „Aus der Mythenwelt der Japaner. Von Diro Kitao“, in: „Das Ausland – 1875“. Ausgabe 47, S. 940.

ンを展開した。第一段階で多くの報道に影響を与えていたエキゾチックな要素は，日本が独立国として見られるようになると，徐々に重要性を失っていった。東京，横浜，京都，大阪といった日本の最重要都市は，すでにヨーロッパ人にはなじみのある町だった。10年前よりもはるかに多くの日本製品がヨーロッパ交易に出回っていたことは明らかである。万国博覧会での説得力のある自己表現により日本は，先導的な国ではないにせよ，大国に並ぶ最高の文化のひとつを持つ国とみなされるようになった。問題はもはや日本がこの地位を獲得するかどうかではなく，いつ獲得するかということだったのだ。

　両誌の報道はまさにこの考え方に沿ったものだった。日本は，ただその幼稚なナイーブさと迷信のせいで，文化的な国ではあるが，まだヨーロッパの基準に達していない国として描かれていた。そこで両誌は共に，日本がヨーロッパ基準に達するためにはヨーロッパの援助が必要であることを強調した。両誌に共通していたのは，日本を陶冶できるのはドイツ帝国の援助しかないということだった。これに伴い，日本の潜在的な輸出に関する報道は減少した。一方で，日本の軍事状況についての報道やアジアの大国としての日本の可能性についての言及は増加した。このような報道には，あまりに積極的にキリスト教化を進めることで日本人の反感を買わないようにという呼びかけなども含まれていた。全体としての目標は，日本をいち早くアジアの同盟国にし，自国の考えに従って形作ることであった。結果として，日本はヨーロッパにおける困難な同盟状況とは異なる状況を提示することになった。

　北尾の記事もこの文脈で捉えることができる。記事では編集者と筆者で見解に相違があることは言及されたが，その内容については説明されないままコメントもなく掲載された。北尾による三編の記事では，1872年からの岩倉使節団でドイツに感化されていた日本人は，自分たちは北方から日本に移住してきたインド・ヨーロッパ民族の末裔であるということを示す機会があったという。これには下心がなかったわけではないだろう。一方では，日本人は自分たちを中国や朝鮮と人種的に区別する機会を得て，他方でこの言説は，結果的に二国間の後年の協力関係の基盤となった。当時は人種差別的な議論が横行しており，インド・ヨーロッパ系の民族と同盟を結ぶことは比較的容易だったからである。この基盤に基づき，ドイツ人は後に，日本人が大国になるのは当然であると正当化することができたのである。

　全体として，この時期のドイツの地理誌は，ドイツ研究，地政学，歴史学，人類学など，さまざまな観点から考察することができる非常に興味深い媒体であると言

える。特に，日本の雑誌も併せて考察することで，さらに貴重な知見を得ることが
できるだろう。この短い論考が，単なる「旅行記」をはるかに超えたこのメディア
への関心を呼び起こすきっかけになれば幸いである。将来的には，このジャンルを
学際的に検討することで，明治期における日独文化の交流についての洞察をさらに
深めることができるだろう。

あとがき

　本書に掲載された論考のうち，川村は明治期に翻案されたグリム童話が東北地方で『魔の家と子供』という昔話として再土着化し，再収集され，新聞メディアによって拡散された背景を跡づけている。

　風岡の論考は，ドイツ語圏の著名な女性詩人，インゲボルク・バッハマンが出会ったシチリア地方のあるポリスの来歴が「アクラガス川」というモチーフとしてその詩作に影響を与えていたことを明らかにしている。異文化の支配に繰り返し晒された土地との接触が詩人個人の創作に影響を与えた興味深い出来事を論じている。

　酒井の論考では，T. S. エリオットの『荒地』にジャンルを超えた印象主義絵画の影響を認めている。異なるジャンルを越境して絵画が文学に影響を及ぼす様子を明らかにした論考を，英文学のジャンルから寄稿していただいた。

　竹内の論考では，国家的な権威として出世する世間知にたけた父を持ちながら，兄が革命詩人として挫折を味わう様を垣間見つつ，自身は女権運動の重要人物として活動したルイーゼ・ビューヒナーについて論じている。完全な男性社会で，彼女がいかにエンパワーメントを図ったかは，現代にも通ずる興味深い事例である。

　ヤグノは，日本の高等教育機関において外国人教員として特に優遇されていた所謂「御抱え外国人」教員についての研究をまとめているが，本書では 19 世紀の地理雑誌というメディアに紹介された日本像という，その後の日独関係を考える上でも興味深い新たな視座を提示している。なお，竹内が邦訳に協力している。

　いずれの論考も，異文化との接触が，文学，メディア，そして社会にある種のインスピレーションを与える契機となったことを示している。

　本書は東北大学やウィーン大学に縁のある若手のドイツ文学研究者を中心に 2012 年から活動を始めた「異文化接触研究会」で行われた研究発表の成果である。異文化接触研究会は，研究発表を中心に，途中国際シンポジウムを開催するなど活発な活動を行ってきた。

　当初は 2011 年 3 月に発生した東日本大震災を経験し，世界中から支援をいただいた東北地方から異文化理解に関する研究を発信したいという意図で，東北大学ドイツ文学研究室に知己のある研究者で立ち上げた研究会であったが，この間メンバーの予想外に世界情勢は激変した。

2015年にはいわゆるシリア難民がヨーロッパに流入するという事態が発生したが，欧州，とりわけドイツの混乱ぶりは記憶に新しい。異文化接触研究会でも移民文学に関する発表などアクチュアルなテーマの発表があった。

2019年12月には新型コロナウィルス (COVID-19) が発生し，それまで「グローバル化」によって人や物の交流が活発化した世界は再び分断された。各国が自国の安全と経済を優先する姿勢を見せる中，異文化間の分断もまた再発したように見えた。研究会メンバーも各所属機関で状況への対応に追われた。

2021年2月にロシア軍がウクライナに侵攻したことは，それまでのシリア難民問題，新型コロナウィルスによる世界の分断といった情勢と無関係ではなかったはずである。世界の分断や疾病対策による孤独が判断力を奪ったのか，あるいは文明論的な意味合いにおける差異が当事者間に横たわっているのかの判断については後世の研究者に委ねるしかない。

異文化接触研究会としては，ウクライナ難民受け入れの最前線となったウィーンで支援活動に従事した若手研究者を招いて，現地の報告を伺う機会を設けた。講演会に参加した大学生たちにとっても，現状に触れる貴重な機会となったはずである。一時は世界の理想を表現したかと思われた「グローバル化」や「多元主義」という標語も，この間それぞれのステークホルダーによって都合良く利用される空虚な言葉として響いた。だが，難民受け入れの現場で拠って立つべき理念としての「人文主義（ヒューマニズム）」が現地の学生やボランティア団体に受け継がれている様子を確認できたのは，研究会を行った意義だったと言えるだろう。

本書の出版は，当初2015年を目標としていたところ，編集者の多忙や研究会会員の追加，不測の社会情勢の勃発などにより出版が大幅に遅れたことをお詫びしたい。本書にご寄稿いただいた執筆陣には重ねてお礼を申し上げるとともに，本書の出版にご尽力いただいた郁文堂の柏倉健介氏には格別にお礼を申し上げる。

最後に，国際シンポジウム開催に際しては，開催地である岩手大学人文社会科学部のご協力をいただいた。シンポジウム開催にご尽力いただき，当時も学部長でいらした岩手大学人文社会科学部の横山英信学部長をはじめ，各研究会にご参加いただいたみなさまにこの場を借りて改めてお礼を申し上げたい。

2024年3月

川村 和宏

執筆者紹介（執筆順）

川村 和宏（かわむら　かずひろ）
岩手大学人文社会科学部教授

風岡 祐貴（かざおか　ゆうき）
北里大学一般教育部准教授

酒井 紀行（さかい　のりゆき）
東北学院大学非常勤講師

竹内 拓史（たけうち　たくし）
明治大学経営学部准教授

ヤグノ・ライク (REIK JAGNO)
弘前大学教育推進機構助教

※所属および職位は 2024 年 4 月 1 日現在

異文化接触研究の諸相

2024 年 4 月 22 日　発行

発行所　株式会社　郁 文 堂
　　　　113-0033 東京都文京区本郷 5-30-21
　　　　電話［営業］03-3814-5571
　　　　　　　［編集］03-3814-5574
印刷・製本　錦明印刷株式会社

ISBN 978-4-261-07364-5
© 2024 Printed in Japan